reinhardt

AF902950

Inklusive Grundschule konkret

Ulrike M. Lüdtke • Ulrich Stitzinger

Kinder mit sprachlichen Beeinträchtigungen unterrichten

Fundierte Praxis in der inklusiven Grundschule

Mit 55 Abbildungen und 3 Tabellen

Mit Grafiken von Julia Wendel

Ernst Reinhardt Verlag München Basel

Prof. Dr. *Ulrike M. Lüdtke* leitet an der Leibniz Universität Hannover die Abteilung Sprach-Pädagogik und -Therapie sowie das Babylab und die sprachtherapeutische Hochschul-Ambulanz. Sie ist u. a. Fachbeirätin der Online-Übungssammlung „logopaletti".

Ulrich Stitzinger ist wissenschaftlicher Mitarbeiter und Lehrkraft für besondere Aufgaben in der Abteilung Sprach-Pädagogik und -Therapie an der Leibniz Universität Hannover.

Außerdem im Ernst Reinhardt Verlag erschienen:

Lüdtke, Ulrike M. / Stitzinger, U.: Pädagogik bei Beeinträchtigungen der Sprache (2015, ISBN: 978-3-8252-8599-9)

Bibliografische Information der Deutschen Nationalbibliothek

Die Deutsche Nationalbibliothek verzeichnet diese Publikation in der Deutschen Nationalbibliografie; detaillierte bibliografische Daten sind im Internet über <http://dnb.d-nb.de> abrufbar.
ISBN 978-3-497-02721-7 (Print)
ISBN 978-3-497-60426-5 (PDF)

Printed in Germany
Cover unter Verwendung eines Fotos von © iStock.com / Vesnaandjic
Satz: Sabine Ufer, Leipzig

Ernst Reinhardt Verlag, Kemnatenstr. 46, D-80639 München
Net: www.reinhardt-verlag.de E-Mail: info@reinhardt-verlag.de

Inhalt

Hinweise zur Verwendung der Icons

Achtung!

Beispiel

Definition

Literatur- und Websiteempfehlung

Methode / Übung / Spiel

Online-Material

Eine Zusammenstellung von weiterführenden Webseiten („Serviceseiten“) finden Sie auf der Homepage des Ernst Reinhardt Verlags zum Download: www.reinhardt-verlag.de.

Vorwort: Sprache und Inklusion als Chance!

Sprache und Kommunikation sind wichtige Schlüsselkompetenzen für den Bildungserfolg!

Schlüsselkompetenzen Sprache und Kommunikation

Dieser Leitgedanke gilt für alle Schülerinnen und Schüler gerade in der Grundschule zu Beginn der Schullaufbahn. Spätestens seitdem Kinder mit sprachlich-kommunikativen Beeinträchtigungen nicht mehr ausschließlich an der Förderschule Schwerpunkt Sprache unterrichtet werden, muss eine inklusiv wirksame Grundschule dafür sorgen, dass Bildungsziele unabhängig von der jeweiligen sprachlich-kommunikativen Ausgangslage der Kinder chancengleich von allen erreicht werden können. Dabei möchten wir Sie unterstützen.

Vielfalt sprachlicher Erscheinungen

Ihre Schülerschaft in der inklusiven Grundschule weist eine deutliche Sprach(en)-Vielfalt und Heterogenität auf, in einer Bandbreite von altersgerecht entwickelten, sprachlich-kommunikativen Fähigkeiten bis hin zu Verzögerungen und Beeinträchtigungen des Erwerbs und des Gebrauchs von Sprache und Kommunikation, welche einer sonderpädagogischen Unterstützung und Förderung bedürfen. Überdies unterrichten Sie zunehmend Kinder mit primären Beeinträchtigungen z.B. im Bereich des Lernens, der geistigen oder der sozio-emotionalen Entwicklung, die zusätzlich als Begleiterscheinung sprachlich-kommunikative Auffälligkeiten zeigen. Bleiben entsprechende Erschwernisse und Problemlagen eines Kindes unerkannt, kann dies weitreichende Folgen für den Bildungsprozess haben.

Sprachlich-kommunikative Abweichungen bei Kindern wirken sich jedoch nicht gleichermaßen erschwerend auf das Lernen aus. Deshalb steht in der inklusiven sprachlich-kommunikativen Unterstützung und Förderung nicht die Behandlung des defizitären Symptoms des Kindes mit Sprachbeeinträchtigungen im Mittelpunkt, sondern immer die beeinträchtigende Erscheinung im Kontext des Bildungsinhaltes: die „Beeinträchtigungs-Barriere-Situation". Die Kernaufgabe und Herausforderung des inklusiven Unterrichts ist demnach der Abbau möglicher sprachlich-kommunikativer Barrieren mit geeigneten didaktisch-methodischen Angeboten für jede Schülerin und jeden Schüler.

Intention der Autoren

Dazu möchten wir Ihnen mit dem vorliegenden Buch vielfältige praxisnahe Hilfestellungen bieten. Die Überlegungen und Hinweise richten sich prinzipiell an alle in der inklusiven Grundschule tätigen Fachkräfte. Insbesondere sind Sie als Grundschullehrerin und Grundschullehrer angesprochen, um hiermit fundierte Grundlagen für die präventive inklusive Unterrichtsarbeit mit sprachlich-kommunikativ beeinträchtigten Kindern zu erwerben. Außerdem können Sie auch als Lehrkraft für Sonderpädagogik ohne Ausbildung im Förderschwerpunkt Sprache, als BerufseinsteigerIn der Fachrichtung und als Studierende von den Vorschlägen für die inklusive interprofessionelle Kooperation profitieren.

Unsere langjährige Lehrerfahrung in den sonderpädagogischen Bachelor- und Masterstudiengängen der lehramtsbezogenen Sprachpädagogik sowie der Sprachtherapie, unsere Bezüge zur zweiten Ausbildungsphase als auch zur schulischen Praxis ermöglichen uns einen differenzierten Blick auf die Verknüpfung von Theorie und Praxis. Ausgehend von den Fragen, was Sprache eigentlich ist und welche Bedeutung Mehrsprachigkeit im Bildungskontext einnimmt, beleuchten wir Abweichungen vom normalen Spracherwerb und Sprachgebrauch sowie deren mögliche Auswirkungen auf Lernprozesse. Entsprechende Erkenntnisse werden für Sie in einen breit angelegten didaktisch-methodischen Schwerpunktteil mit konkreten Praxis-Tipps für verschiedene Unterrichtsfächer wie beispielsweise Deutsch, Mathematik und Sachunterricht integriert. Dabei gehen wir stets induktiv vor – den Weg vom Fallbeispiel bis zur interprofessionellen Zusammenarbeit im Klassenteam. Wie ein roter Faden ziehen sich diverse Fallgeschichten mit einer Grundschullehrerin und einer Sonderpädagogin in der Arbeit mit Schülerinnen und Schülern mit unterschiedlichen sprachlich-kommunikativen Beeinträchtigungen durch das Buch. Somit möchten wir mit Ihnen dazu beitragen, dass Schwierigkeiten und Problemlagen von Kindern im Bereich des sprachlichen Lernens rechtzeitig erkannt und ernst genommen werden, um durchgängig hochwertige Bildungsanschlüsse für alle Kinder zu sichern.

Unsere Ausführungen mit wertvollen Praxis-Ideen sind durch den gewinnbringenden Austausch mit vielen geschätzten Kolleginnen und Kollegen möglich geworden. Wir freuen uns besonders, dass wir einen engen Kontakt zur schulischen Praxis pflegen durften und bedanken uns vor allem bei den Sonderpädagoginnen Stefanie Klinger, Hildegard Meyer-Glose und Chantal Polzin für ihre wunderbare Unterstützung. Ferner geht ein großer Dank an Julia Wendel, die sich unermüdlich durch ihre kreative grafische Gestaltung beteiligte und dem Buch eine besondere Handschrift verlieh. Schließlich danken wir auch Eva Reiling und Annika Löffler aus dem Verlagslektorat für die sehr hilfreiche Betreuung und stete Geduld. Nicht zuletzt hoffen wir, dass sich unsere Überzeugung, Kinder mit sprachlich-kommunikativen Beeinträchtigungen gezielt unterstützen und fördern zu müssen, auch auf Sie als Leserin und Leser dieses Buches überträgt und unsere Überlegungen und Vorschläge viele Anregungen für Ihre eigene Praxis bieten.

Hannover, April 2017
Ulrike Lüdtke und Ulrich Stitzinger

1 Sprache und Kommunikation in der Schule

Wenn wir Kinder mit sprachlich-kommunikativen Beeinträchtigungen in der inklusiven Schule erfolgreich unterstützen und fördern wollen, stellen sich vermutlich viele als Erstes die Frage: „Wie mache ich das als LehrerIn am besten?" Die Frage nach geeigneten Methoden und Handlungsschritten kann jedoch nicht ausreichend beantwortet werden, wenn nicht vorher wichtige Grundgedanken und Fachwissen geklärt sind. So widmet sich das erste Kapitel den Überlegungen, was Sprache und Kommunikation eigentlich sind und in welcher Form Sprache und Kommunikation in der Schule – speziell im Unterricht – überhaupt vorkommen. Dazu werden im Sinne eines einführenden Überblicks folgende Fragen beantwortet:

- Was bedeutet es, wenn Kinder mit sprachlich-kommunikativen Beeinträchtigungen in der inklusiven Schule unterrichtet werden? (Kap. 1.1)
- In welchen sprachlich-kommunikativen Dimensionen wird Unterricht durchgeführt? Welche Aspekte kommen bei mündlichen und bei schriftlichen Lernprozessen zum Tragen? Welche Rolle spielen neue digitale Medien in der Kommunikation im Unterricht? (Kap. 1.2)
- Welche sprachlich-kommunikativen Fähigkeiten werden bei SchülerInnen in der Grundschule gefördert? (Kap. 1.3)

1.1 Bedeutung von Sprache und Kommunikation im schulischen Kontext

Betrachten wir zunächst eine alltägliche Situation aus der Sicht einer Lehrerin, die in einer inklusiven Grundschule unterrichtet und von einer Sonderpädagogin mit dem Förderschwerpunkt Sprache unterstützt wird.

Frau Mahler unterrichtet als Klassenlehrerin an einer inklusiven Grundschule. Dem Schulkonzept entsprechend verfolgt sie in ihrem Unterricht die Leitlinien des gemeinsamen Lernens aller Kinder. Engagiert setzt sie sich für die unterschiedlichen Förderbedürfnisse der SchülerInnen ihrer Klasse ein. Im Rahmen der Zusammenarbeit mit der Sonderpädagogin **Frau Hoffmann** macht sie sich vor allem im Bereich der Sprache viele Gedanken, wie sie den Anspruch von individuellem Lernen und Chancengleichheit erfüllen kann. Hin und wieder zweifelt sie jedoch daran, ob sie wirklich immer allen Kindern in der Lerngruppe mit ihren vielfältigen sprachlich-kommunikativen Erscheinungen gerecht wird, und fragt sich: *„Wie erkenne ich überhaupt eine sprachliche Beeinträchtigung, wenn ich gar keine auffällige Aussprache feststelle?“ „Welche Schwierigkeiten können sich aufgrund von sprachlichen Beeinträchtigungen einzelner Kinder für sie ergeben?“ „Wie soll ich zusätzlich besondere Methoden und Materialien einsetzen, obwohl ich vorwiegend alleine im Unterricht agiere?“ „Welche fachliche Unterstützung kann ich mir hierzu einholen?“* Je mehr sie sich mit dem Themenkomplex beschäftigt, desto umfangreicher werden ihre Fragen.

Gleichzeitig schauen wir auch auf ein bestimmtes Kind, das im Unterricht dieser Lehrerin eine Aufgabe bearbeiten soll.

Sarah schaut zu Frau Mahler, die gerade den Schreibauftrag auf dem Arbeitsblatt noch einmal mündlich erklärt. Die Lehrerin wiederholt, dass zu den angegebenen Beispielwörtern mit Dehnungs-h jeweils drei Reimwörter gefunden werden sollen und zu einem dieser Wörter danach ein Satz gebildet werden soll. Das Wörterbuch darf benutzt werden. Anschließend sollen alle Dehnungszeichen von den Kindern unterstrichen werden. Zur Sicherheit fragt sie in der Klasse nach, wer dazu noch eine Frage hätte. Nachdem die Fragen von zwei Jungen geklärt wurden, beginnen die Kinder zu arbeiten. Auch Sarah begibt sich an die Schreibaufgabe. Nach einer Weile bemerkt die Lehrerin, dass Sarah aus dem Wörterbuch verschiedene Wörter abschreibt, die den gleichen Silbenanfang wie die Beispielwörter aufweisen. Die Lehrerin fragt Sarah, ob sie die Aufgabe verstanden habe. Sarah blickt hilfesuchend zu ihren Mitschülerinnen der Tischgruppe und antwortet unsicher: *„Ja.“* Die Lehrkraft hakt noch einmal nach: *„Was sollst du tun, Sarah?“ „Wir sollen ... Wörter mit, ... so wie da ... so abschreiben“*, und zeigt auf die Anfangssilbe eines Beispielwortes.

inklusive Herausforderungen für LehrerInnen

Diese zwei einleitenden Beispiele erfassen sowohl eine alltägliche Situation einer Lehrerin als auch einer Schülerin in einer 3. Klasse einer inklusiven Grundschule. Die *Lehrerin* nimmt offen und umsichtig ihre Aufgaben im inklusiven Bildungskontext wahr. Dabei stößt sie jedoch gleichzeitig auf Fragen, Unsicherheiten oder vielleicht sogar an Grenzen der pädagogisch-didaktischen Umsetzung. Für die Lehrkraft besteht im Rahmen von Inklusion der Anspruch, nicht defizitorientiert vorzugehen, sondern Diskriminierung und Benachteiligung aufgrund sprachlich-kommunikativer Beeinträchtigungen bei verschiedenen Kindern ihrer Klasse zu verhindern und entsprechende Lernbarrieren abzubauen. Ebenso ist es auch für die gesamte Schule eine deutliche Herausforderung, das Lernen und das Zusammenleben innerhalb und außerhalb des Unterrichts so sprachlich-kommunikativ zu gestalten, dass für *alle* SchülerInnen hochwertige Bildungschancen gesichert sind. Das der Inklusion zugrunde liegende „Übereinkommen über die Rechte von Menschen mit Behinderungen“ (‚Convention on the Rights of Persons with Disabilities‘ UN 2006) fordert nämlich, dass geeignete materielle, konzeptionelle und personelle Ressourcen und Maßnahmen bereitzuhalten sind.

inklusive Herausforderungen für SchülerInnen

Neben der Herausforderung der Pädagogin ist auch aus der Sicht der *Schülerin* mit sprachlich-kommunikativen Beeinträchtigungen ein Problemfeld zu erkennen. Das Mädchen ist bemüht, eine Aufgabenstellung korrekt zu bearbeiten. Allerdings kann sie die Aufgabe nicht verstehen. Letztlich weiß die Schülerin überhaupt nicht, dass sie etwas nicht verstanden hat. Deshalb macht sie sich auch nicht bemerkbar, während andere Kinder ihre Unklarheiten und Unsicherheiten durchaus wahrnehmen und aussprechen. Darüber hinaus sind die Ausdrucksmöglichkeiten des Mädchens begrenzt und ermöglichen ihr keine sprachlichen Konkretisierungen ihres Problems (Abb. 1).

Abb. 1: Problemfeld sprachlich-kommunikativer Beeinträchtigungen im Bildungskontext als Beeinträchtigungs-Barriere-Situation

Auf den Punkt gebracht!

- Nicht erkannte Problemlagen eines Kindes im Spannungsfeld zwischen sprachlich-kommunikativer Beeinträchtigung und Lernbarriere können weitreichende Erschwernisse im Bildungsprozess nach sich ziehen.
- Dabei steht nicht das Kind mit seinem sprachlich-kommunikativen Defizit im Fokus.
- Vielmehr ist der unterrichtliche und außerunterrichtliche Kontext in den Blick zu nehmen, in dem sich sprachlich-kommunikative Hemmnisse im Lernen entwickeln können (Glück / Mußmann 2009).

Unterstützung der Lehrkräfte

Vor dem Hintergrund der oben skizzierten sprachlich-kommunikativen Herausforderungen in der inklusiven Schule und ihrer zentralen Aufgabe ergeben sich weitere Fragen sowohl im Hinblick auf die Unterstützung der Lehrkräfte als auch auf geeignete Methoden und Materialien für die SchülerInnen. So ist es für LehrerInnen wichtig, dass sie innerhalb der Schule ein entlastendes Unterstützungssystem erfahren. An den meisten Schulen mangelt es nicht an offenen Einstellungen der Lehrkräfte zur Inklusion. Vielmehr bedarf es aber zur Sicherung sprachlich-kommunikativer Fördermöglichkeiten aller Kinder der Ressource eines sich gegenseitig unterstützenden interprofessionellen Grundschulteams (Stitzinger / Sallat 2016). Idealerweise setzt sich dieses Team aus GrundschulehrerInnen, LehrerInnen für Sonderpädagogik, LogopädInnen und SprachtherapeutInnen zusammen. Die professionelle Zusammenarbeit (Kap. 7) kann sich auch außerhalb der Schule beispielsweise auf FachärztInnen und Fachberatungen ausweiten. Eine derartige personelle Ausstattung und Netzwerkbildung ist allerdings an vielen Schulen noch nicht gegeben (Abb. 2). So sind die Grundschullehrkräfte zunächst auf die eigene Qualifizierung angewiesen wie etwa Hospitationen an anderen Inklusionsschulen, Fortbildungen und Fachbücher, um ihr Wissen und ihr Handlungsrepertoire im Bereich der Sprach- und Kommunikationsförderung im Unterricht anwenden zu können. Das vorliegende Fachbuch soll hierzu einen Ansatz bieten.

Abb. 2: Fehlende oder noch nicht vernetzte interprofessionelle Kooperation im inklusiven Kontext

Systemische Unterstützung im Bereich Sprache und Kommunikation

- Die Schule verwendet klassenübergreifend lautunterstützende Gebärden, digitale Medien wie Tablet-PCs und schafft vielfältige Kommunikationsanlässe und Austauschmöglichkeiten für alle SchülerInnen.
  → Ergänzende und alternative Formen, Mittel und Formate der Kommunikation
- Für die SchülerInnen werden Arbeitstexte vereinfacht und strukturiert.
  → Erwerb sprachlich-kommunikativer Orientierung
- Im Unterricht werden verbale Arbeitsanweisungen mit Bildern und Gegenständen ergänzt und den SchülerInnen Hilfen mit zentralen Begriffen (Schlüsselwörter) gegeben.
  → sprachunterstützende Materialien und sprachpädagogische Verfahren
- In einer Schule sind neben den Grundschullehrkräften zusätzlich Lehrkräfte für Sonderpädagogik und LogopädInnen bzw. SprachtherapeutInnen kooperativ tätig (Abb. 3).
  → Unterstützung durch Fachkräfte (UN 2006)

Abb. 3: Gelingende interprofessionelle Kooperation im inklusiven Kontext

Glück, C. W., Reber, K., Spreer, M. (2013): Förderbedarf Sprache inklusiv denken. Praxis Sprache 58 (4), 235-240

Grohnfeldt, M. (Hrsg.) (2015): Inklusion im Förderschwerpunkt Sprache. Kohlhammer, Stuttgart

Lüdtke, U. (2015): Unterrichtsintegrierte Sprachtherapie als Baustein eines multiprofessionellen Angebots in inklusiven schulischen Kontexten. In: Grohnfeldt, M. (Hrsg.): Inklusion in Schule und Gesellschaft. Bd. 11. Inklusion im Förderschwerpunkt Sprache. Kohlhammer, Stuttgart, 37-75

Reber, K., Schönauer-Schneider, W. (2017): Sprachförderung im inklusiven Unterricht. Praxistipps für Lehrkräfte. Ernst Reinhardt, München / Basel

Stitzinger, U., Sallat, S., Lüdtke, U. (Hrsg.) (2016). Sprachheilpädagogik aktuell. Beiträge für Schule, Kindergarten, therapeutische Praxis. Bd. 2. Sprache und Inklusion als Chance?! Expertise und Innovation für Kita, Schule und Praxis. Schulz-Kirchner, Idstein

1.2 Mehrdimensionalität von Sprache und Kommunikation

In welchen Dimensionen kommen nun Sprache und Kommunikation speziell in der Schule im Unterricht vor? Um darauf eine Antwort zu finden, führt uns das klassische Zitat des bekannten Kommunikationswissenschaftlers Paul Watzlawick zu einer wichtigen Erkenntnis:

„Man kann nicht nicht kommunizieren" (Watzlawick et al. 2011 [i.O. 1969], 53).

Stellen wir uns dazu eine alltägliche Unterrichtssituation mit der Lehrerin Frau Mahler vor.

Frau Mahler steht schweigend in der Klasse und wartet auf die Aufmerksamkeit ihrer SchülerInnen. Sie richtet ihren Blick, ohne zu reden, auf einzelne SchülerInnen, die sich laut mit ihren SitznachbarInnen unterhalten. Frau Mahler bleibt weiter ruhig. Ihre Mimik sieht streng aus und ihre Körperhaltung wirkt wie eingefroren. Allmählich bemerken manche Kinder, dass die Lehrerin etwas von ihnen erwartet. Die Kinder schauen Frau Mahler nun gespannt an.

Mehrdimensionalität von Sprachproduktion und Sprachverarbeitung

Im kurzen Fallbeispiel kommuniziert die Lehrerin selbst dann mit den Kindern, wenn sie kein einziges Wort spricht. Sie sendet bewusst oder unbewusst Signale aus und verwendet dabei verschiedene Mittel der Kommunikation, z.B. Mimik, Gestik und Blickkontakt. Jedoch ist nicht nur die Lehrerin an der Kommunikation aktiv beteiligt, sondern ebenso jedes einzelne Kind, das in einer bestimmten Art und Weise auf das Warten reagiert, z.B. sich mit dem Sitznachbarn weiter unterhalten, sich abwenden und in der Schultasche nach einem Heft suchen oder das Gespräch mit dem anderen Kind beenden und den Blick der Lehrerin zuwenden. Sowohl die Lehrerin als auch die SchülerInnen produzieren Sprache auf der einen Seite und verarbeiten diese auf der anderen Seite auf unterschiedlichen Kanälen, z.B. Hören und Sehen (Abb. 4). Diese Kommunikation kann auf lautsprachlichem und außersprachlichem Wege geschehen oder in schriftlicher Form. Hierzu ermöglichen herkömmliche analoge Medien, z.B. ein Lehrbuch oder ein Arbeitsblatt, sowie immer mehr digitale Medien, z.B. ein Video oder eine Lernsoftware, auch

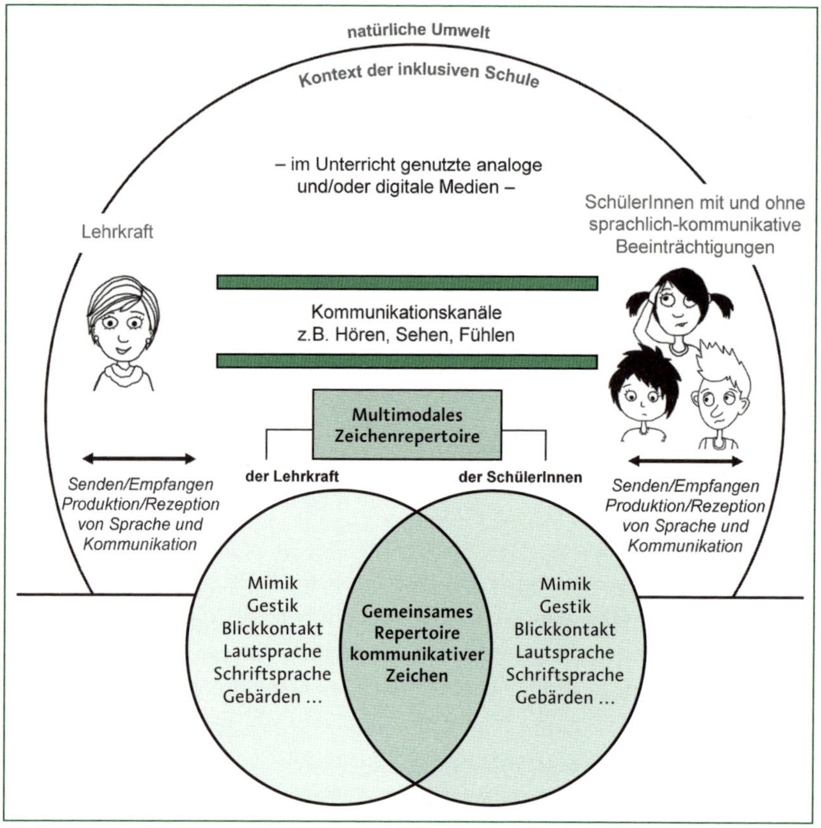

Abb. 4: Kommunikationsmodell für den inklusiven Unterricht

dann eine Kommunikation, wenn Sender oder Empfänger einer Information nicht gleichzeitig und zum selben Zeitpunkt gemeinsam anwesend sind.

Sprachliche Mittel

sprachliche Mittel in der Schule

In der Schule werden insbesondere im unterstützenden Lehr-Lernprozess neben der Lautsprache weitere Mittel zur Kommunikation eingesetzt. Im Folgenden betrachten wir zunächst die „natürlichen" sprachlichen Kommunikationsmittel eines Menschen (ohne Gebrauch schriftlicher bzw. technischer Medien). Die schriftliche Kommunikation und die Kommunikation mit digitalen Medien werden später in weiteren Kapitelabschnitten behandelt.

Sprachliche Mittel (ohne schriftliche bzw. technische Medien):

- lautsprachliche Elemente
  → verbale Mittel
- weitere hörbare Elemente
  → paraverbale Mittel
- sichtbare oder fühlbare Elemente
  → nonverbale Mittel
- weitere außersprachliche Elemente der Selbstdarstellung
  → extraverbale Mittel

verbale Mittel

Häufig stehen sprachliche (linguistische) Aspekte im Unterrichtsgespräch im Vordergrund. Darauf achten Lehrkräfte in der eigenen Sprachverwendung beispielsweise mit kurzen oder komplexen Sätzen und dem gezielten Einsatz grammatischer Formen. Gleichfalls weisen sie die SchülerInnen an, deutlich zu sprechen, treffende Wörter zu benutzen oder vollständige Sätze zu bilden.

paraverbale Mittel

Die verwendeten sprachlichen Elemente reichen allerdings oft nicht aus, um sich im Unterrichtsprozess differenziert und wirksam verständlich zu machen. Dazu können weitere hörbare Mittel eingesetzt werden. Beispielsweise fördert eine besondere Betonung zwischen Haupt- und Nebensatz oder bei der Reimbildung, beim Silbenschwingen und bei Aufzählungen die Verarbeitung entsprechender sprachlicher Strukturen.

nonverbale Mittel

Außerdem können Inhalte einer Information im Unterricht zusätzlich mit sichtbaren körperlichen Mitteln unterstützt werden. Diese Elemente dienen ebenso der Verständnisabsicherung, der Hervorhebung, der Gesprächsstrukturierung oder der Darstellung eigener Positionen und Beziehungen (Schäfer 2002), z. B. Lächeln bei positiven Rückmeldungen oder Stirn runzeln bei Unverständnis (Mimik).

extraverbale Mittel

Schließlich schwingen in der Kommunikation zwischen Lehrkräften und SchülerInnen noch weitere außersprachliche Elemente mit, die den Lehr-Lernprozess positiv oder negativ beeinflussen können (Schäfer 2002), z. B. durch Distanz oder Nähe zwischen der Lehrkraft und dem Kind.

Nitsche, P. (2005): Nonverbales Klassenzimmermanagement. Strategien aus der Praxis für die Gruppe. Pearls of Learning Press, Wien

Nöth, W. (2012): Zeichen und Semiose. In: Braun, O., Lüdtke, U. (Hrsg.): Behinderung, Bildung, Partizipation. Enzyklopädisches Handbuch der Behindertenpädagogik. Bd. 8. Sprache und Kommunikation. Kohlhammer, Stuttgart, 161–176

Watzlawick, P. (2015): Man kann nicht nicht kommunizieren: Das Lesebuch. 2. Aufl. Hogrefe, Göttingen

Schriftsprachliche Kommunikation

Gemeinsamkeiten zwischen Laut- und Schriftsprache

Die schriftsprachliche Kommunikation erlangt insbesondere im Zusammenhang mit dem Bildungsanspruch eine hohe Bedeutung. Zwischen der Lautsprache und der Schriftsprache existieren gemeinsame Kennzeichen und konkrete Bezüge auf verschiedenen Sprachebenen (Abb. 5) (Reber 2017).

Beispielsweise lassen sich aus dem Wort „*Kran*" vier eindeutig unterscheidbare Lautwerte heraushören: „*k*", „*r*", „*a*", „*n*". Für jeden dieser bedeutungsunterscheidenden Laute (Phoneme) existiert ein separates Schriftzeichen (Graphem): <*k*>, <*r*>, <*a*>, <*n*>. Somit können Beziehungen zwischen den kleinsten bedeutungstragenden sprachlichen Einheiten auf der artikulatorischen Seite (Phoneme) und auf der graphischen Seite (Grapheme) in einer alphabetisch orientierten Struktur hergestellt werden. Diese Beziehungen bestehen sowohl zwischen (Aus-)Sprechen und Schreiben als auch zwischen (Zu-)Hören und Lesen (Abb. 5).

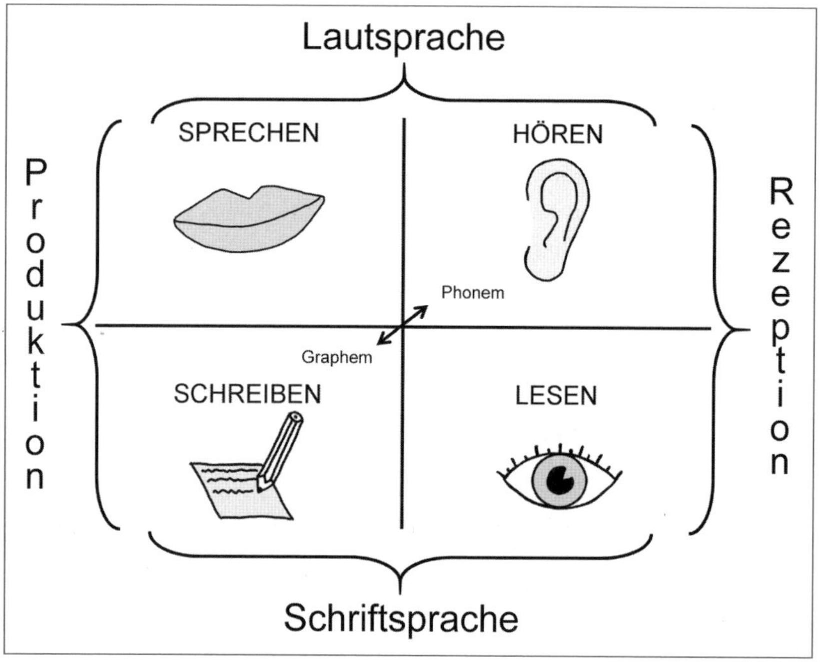

Abb. 5: Zusammenhang zwischen Lautsprache und Schriftsprache, Produktion und Rezeption

Komplexität zwischen Laut- und Schriftsprache

Bei einer genauen Betrachtung der deutschen Lautsprache und des vorhandenen schriftlichen Zeichenrepertoires offenbaren sich allerdings selten eindeutige Phonem-Graphem-Zuordnungen wie im Wortbeispiel „Kran". Vielmehr existieren komplexe Bezüge und Eigenheiten zwischen dem Laut- und Schriftsystem. Beispielsweise besteht in der Verschriftung des Wortes „Schmetterling" nur annähernd eine alphabetische Übereinstimmung zur Lautfolge „ʃ-m-ɛ-t-ɐ-l-i-ŋ".

funktionale Unterschiede zwischen Laut- und Schriftsprache

Die mündliche und die schriftliche Kommunikation weisen auch unterschiedliche Ausprägungen an funktionalen Merkmalen auf (Topsch 2005). Beispielsweise hat das Mädchen Sarah aus dem obigen Fallbeispiel bei der gesprochenen gegenüber der geschriebenen Arbeitsanweisung der Lehrerin weniger Zeit, die einzelnen Informationen zu verarbeiten. Die mündliche Äußerung der Lehrerin ist nur im Moment des Sprechens zu hören und verhallt schließlich. Dagegen bleibt die verschriftete Anweisung auf dem Arbeitsblatt über einen längeren Zeitraum für die SchülerInnen erhalten. Allerdings kann Sarah selbst schneller eine spontane mündliche Mitteilung formulieren, als diese auf Papier schreiben.

formale Unterschiede zwischen Laut- und Schriftsprache

Außerdem lässt sich mündlich eine unbegrenzte Anzahl von Sprachlauten produzieren, jedoch stehen nur in einem begrenzten Maße vereinbarte graphische Zeichen zur Verfügung (Topsch 2005). Ferner kann die Lautsprache durch viele weitere hörbare und sichtbare Mittel ergänzt werden, z.B. Tonfall, Mimik, Blickkontakt etc. Dagegen sind die Möglichkeiten, die über das schriftliche Symbolsystem hinausgehen, deutlich reduziert, z.B. Schriftarten, Unterstreichungen, Emoticons ☺ (Tab. 1).

Tab. 1: Funktionale und formale Unterschiede zwischen Laut- und Schriftsprache

	Mündlich	**Schriftlich**
Funktional	– weniger Zeit zur Informationsverarbeitung – Äußerung nur im Moment des Sprechens zu hören – schnellere eigene Produktion möglich	– mehr Zeit zur Informationsverarbeitung – Information bleibt für einen längeren Zeitraum erhalten – eigene Produktion dauert länger
Formal	– unbegrenzte Anzahl an Sprachlauten möglich – Ergänzung durch weitere hörbare und sichtbare Mittel möglich	– begrenzte Anzahl vereinbarter graphischer Zeichen – Erweiterung des schriftlichen Symbolsystems begrenzt

Schriftsprache als Regelsystem

Vor dem Hintergrund der komplexen Bezüge zwischen der Laut- und Schriftsprache sind Kinder im Schriftspracherwerb gezwungen, sich ein umfassendes Regelsystem anzueignen (May 2002):

- Das Phonem *„m“* entspricht dem Graphem <*m*>.
  → alphabetische Zuordnungsregeln (Phonem-Graphem-Korrespondenz)
- Das Wort *„fahren“* wird mit Dehnungs-h geschrieben.
  → Regeln der Rechtschreibung (orthographische Regeln)
- *„Fahrrad“* wird mit zwei aufeinanderfolgenden <*rr*> verschriftet, obwohl nur ein *„r“* zu hören ist.
  → Erkennen von Wortstrukturen (morphematische Regeln)
- Großschreibung von Nomen und am Satzanfang
  → grammatische sowie wortübergreifende Regeln

Spannungsfeld der schriftlichen Kommunikation

- Das Regelsystem der Schriftsprache *sichert* die kommunikative Eindeutigkeit (Abb. 6).
- Das Regelsystem der Schriftsprache *erhöht* die Anforderung in der Aneignung und im Gebrauch schriftlicher Kommunikation (Abb. 6).

Abb. 6: Regelsystem der Schriftsprache im Spannungsfeld zwischen Eindeutigkeit und erhöhter Anforderung

Auswirkungen auf Bildungsprozesse

Aufgrund der Eigenheiten und der Komplexität von gesprochener und geschriebener Sprache sind im Unterricht bestimmte didaktisch-methodische Aspekte zu berücksichtigen. So erweisen sich eindimensionale mündliche oder einseitig schriftliche Kommunikationsstrukturen im Unterrichtsgeschehen für SchülerInnen mit sprachlich-kommunikativen Verarbeitungs- und Produktionsschwierigkeiten als ungünstig, da diesen Kindern oft der mehrdimensionale Ausgleich und die Ergänzung unterschiedlicher kommunikativer Mittel fehlen (Abb. 7a). Beispielsweise kann Sarah eine Aufgabe besser verstehen, wenn diese von der Lehrerin konkret demonstriert wird. Genauso kann Sarah einen Sachverhalt leichter erklären, wenn sie dazu konkrete Materialien oder Bilder zeigen kann (Abb. 7b). Wiederum können Erklärungen, Entdeckungen und Beschreibungen sprachlicher Phänomene im Sinne von „Sprechen über Sprache“ (Metasprache) zu neuen förderlichen Erkenntnissen bei Kindern im mündlichen und schriftlichen Spracherwerb führen.

Abb. 7a: Ungünstige eindimensionale Kommunikation im Unterricht

Abb. 7b: Förderliche mehrdimensionale Kommunikation im Unterricht zum Abbau von Lernbarrieren

Osburg, C., Valtin, R. (2012): Lesen und Schreiben. In: Braun, O., Lüdtke, U. (Hrsg.): Behinderung, Bildung, Partizipation. Enzyklopädisches Handbuch der Behindertenpädagogik. Bd. 8. Sprache und Kommunikation. Kohlhammer, Stuttgart, 290–304
Topsch, W. (2005): Grundkompetenz Schriftspracherwerb. 2. Aufl. Beltz, Weinheim

Kommunikation mit digitalen Medien

Arten digitaler Medien

Schwierigkeiten in mündlichen wie auch in schriftlichen Lehr-Lernprozessen können mittlerweile immer mehr durch digitale Medien ausgeglichen werden. In der Schule können mittlerweile zur Förderung und zur Unterstützung von Sprache und Kommunikation folgende Gruppen digitaler Geräte für bestimmte Situationen eingesetzt werden (Dupuis 2012; Reber 2016; Starke et al. 2016):

- Computer und Laptops, z.B. zur Förderung der phonologischen Bewusstheit, für Übungen im Lese-Schreiblehrgang, für die Sprachtherapie;
- Tablet-PCs und Smartphones, z.B. zum Einsatz von Symbolen in der unterstützten Kommunikation, zur Sprachübersetzung;
- digitale Whiteboards und weitere Peripherie-Geräte, z.B. zur multimedialen und interaktiven Tafelbildgestaltung, zur Vernetzung verschiedener Medien innerhalb der Schülerschaft wie Computer, Laptop, digitale Foto- und Video-Kamera, Scanner, Braille-Computer (zum Lesen und Schreiben von Blindenschrift), Internet.

Chancen digitaler Medien

Digitale Medien eröffnen neue Chancen zur Unterstützung des sprachlich-kommunikativen Lernens und Anwendens im Unterricht. Je nach Gerätefunktionen ergeben sich unterschiedliche Zielsetzungen und Wirkungen – im Folgenden exemplarisch für die Unterstützung von Sarah in ihren Lese-Schreibfähigkeiten konkretisiert:

- Sarah arbeitet selbständig im Rahmen der Wochenplanarbeit mit einem individualisierten Leseprogramm.
  → individuelles Lehren und eigenständiges Lernen im Rahmen spezieller Programme und Softwarefunktionen
- Die Lehrerin bietet Sarah zusätzliches Fördermaterial zu schriftsprachlichen Basiskompetenzen unter verschiedenen Softwareangeboten an.
  → erweitertes Angebot an Lehr-Lernmaterialien

- Sarah erhält über ein Rechtschreibprogramm sofort eine Rückmeldung zu ihren schriftlichen Lösungen oder es werden ihr Übungsmöglichkeiten vorgeschlagen.
  → interaktives Lernen mit direkten Rückmeldungen
- Schreibergebnisse von Sarah wie auch von ihren MitschülerInnen aus verschiedenen Quellgeräten (Laptop, Diktiergerät, augengesteuerter Sprachcomputer, Braille-Computer etc.) werden in der Klasse vorgestellt und ausgetauscht.
  → Präsentations- und Partizipationsmöglichkeiten bei größeren Gruppen
- Sarah führt mit einer Lernpatin eine Schreibkonferenz an unterschiedlichen Arbeitsplätzen durch. Dabei arbeitet jede Schülerin an einem eigenen Computer.
  → Vernetzung im Intranet und Internet
- Kindgemäße Anwendungsformate und die Faszination digitaler Kommunikation steigern Sarahs Lerninteresse.
  → Motivationssteigerung
- Sarah nutzt die Sprachausgabe eines Lesetextes.
  → Unterstützte und alternative Kommunikation
- Die Lehrerin und Sarah erhalten über einen längeren Zeitraum eine Auswertung korrekter Verschriftungslösungen.
  → Förder-Diagnostik bzw. regelmäßige Beobachtung schriftsprachlicher Leistungen
- Die Lehrerin nutzt im Austausch mit den Eltern die digitale Plattform SEESAW (http://web.seesaw.me/, 14.06.2017).
  → Elternpartizipation

Beachtung des sinnvollen Einsatzes digitaler Medien!

- Neue digitale Medien erweitern das Spektrum an Förder- und Unterstützungsmöglichkeiten im Bereich Sprache und Kommunikation nur dann, wenn diese besondere Funktionen bereithalten.
- Digitalisiertes Lehren und Lernen erfordert von den Lehrkräften wie auch von den SchülerInnen eine erweiterte Medienkompetenz.
- Erfahrungen mit analogen, konkret greifbaren Lernmaterialien dürfen nicht unterschätzt oder vernachlässigt werden.

Dupuis, G. (2012): Medien. In: Braun, O., Lüdtke, U. (Hrsg.): Behinderung, Bildung, Partizipation. Enzyklopädisches Handbuch der Behindertenpädagogik. Bd. 8: Sprache und Kommunikation, Kohlhammer, Stuttgart, 542–549

Reber, K. (2016): Auf dem Weg zur vierten Kulturtechnik: Mediendidaktik im Förderschwerpunkt Sprache. Praxis Sprache, 61 (1), 33–40

Starke, A., Mühlhaus, J., Ritterfeldt, U. (2016): Neue Medien in Therapie und Unterricht für Kinder mit dem Förderschwerpunkt Sprache. Praxis Sprache, 61 (1), 28–32

1.3 Sprachlich-kommunikative Fähigkeiten im Unterricht

Auf der Grundlage der Erkenntnisse zur Mehrdimensionalität von Sprache und Kommunikation ist schließlich der Frage nachzugehen, welche Fähigkeiten notwendig sind, um erfolgreich an der Kommunikation im Unterricht bzw. an sprachlichen Lernprozessen teilnehmen zu können.

Dazu soll zunächst ein Beispiel aus dem Sportunterricht betrachtet werden. Die Kinder auf der Zeichnung (Abb. 8) bewegen sich auf einer mit Geräten aufgebauten Bewegungslandschaft. Welche Kompetenzen sind für **Sarah**, das Mädchen mit den Zöpfen, hoch oben auf der Rutsche notwendig, um erfolgreich mit den anderen Kindern zu kommunizieren und ihre Ziele verfolgen zu können? Halten Sie Ihre Gedanken kurz fest.

Kompetenzspektrum Sprache und Kommunikation

Das in der Zeichnung oben auf der Rutsche dargestellte Mädchen (Abb. 8) möchte möglicherweise hinunterrutschen. Vermutlich wird sie deswegen eine freie Bahn von den anderen Kindern einfordern. Dazu benötigt sie ein breites Spektrum an Kompetenzen.

Abb. 8: Kommunikation auf der Bewegungslandschaft

Kompetenzen im Kontext von Sprache und Kommunikation

- Basiskompetenzen
- Sprachhandlungskompetenzen
- linguistische Kompetenzen

Basiskompetenzen

Damit Sarah ihr Vorhaben, nämlich auf der Rutsche hinunterzurutschen (Abb. 8), umsetzen kann, muss sie verschiedene Basiskompetenzen einsetzen, beispielsweise im Bereich der Wahrnehmung, z. B. *„Ich sehe Kinder vor mir auf der Rutschbahn, die im Weg stehen.“ „Ich höre Kinder hinter mir, die ungeduldig rufen und auch rutschen wollen.“*

Unter **Basiskompetenzen** werden grundlegende Fähigkeiten verstanden, die Kinder befähigen, mit anderen Kindern und Erwachsenen zu interagieren und sich mit Gegebenheiten ihrer Umwelt auseinanderzusetzen.

Sprachhandlungskompetenzen

Die aufgeführten Basiskompetenzen helfen Sarah, in der Kommunikation mit den anderen Kindern (Abb. 8) Sprachhandlungsstrategien zu entwickeln, um ihr Ziel auf der Bewegungslandschaft tatsächlich erreichen zu können. Sie muss dabei auf weiteren Ebenen wirksam werden, etwa im Bereich der sprachlich-personalen Kompetenz, z. B. *„Ich auch! Ich habe so lange gewartet! Ich bin nun an der Reihe mit Rutschen!“*

Der Begriff **Sprachhandlungskompetenz** bezeichnet die Fähigkeit, Sprache für einen bestimmten Zweck einzusetzen und im Zusammenhang mit sprachlichen Mitteln zu handeln, beispielsweise um seine Ideen und Vorstellungen auszudrücken oder um eine andere Person dazu zu motivieren, etwas Bestimmtes zu tun.

linguistische Kompetenzen

Um Sprachhandlungskompetenzen wirksam auf der Rutsche einsetzen zu können (Abb. 8), benötigt Sarah wiederum verschiedene linguistische Kompetenzen. So muss sie Wortbedeutungen zuordnen können (semantische Ebene) und über einen passenden Wortschatz verfügen (lexikalische Ebene), z. B. *„Ich weiß, was ‚Rutsche‘ bedeutet. Das passt auch besser als ‚Schlitterbahn‘.“* Außerdem muss Sarah Kenntnisse über grammatische Formen (morphologische Ebene) und über geeignete Satzbildungsmöglichkeiten (syntaktische Ebene) aufweisen, z. B. *„Wenn ich nur ‚Rutsche‘ sage, reicht das nicht. Wenn ich aber sage:*

‚Geht weg von der Rutsche!‘, wissen alle, dass sie die Rutschbahn frei machen sollen.“ Ferner muss Sarah auch Laute verständlich bilden (phonetische Ebene) und diese genau unterscheiden können (phonologische Ebene), z.B. *„Ich bewege den Mund richtig und muss ‚Rutsche‘ sagen. ‚Tutse‘ ist falsch.“*

Linguistische Kompetenzen bestehen aus Kenntnissen und Fertigkeiten im Bereich des Wortschatzes und der Bedeutungszuordnung, der Satzbildung und Wortflexionen sowie der Lautbildung und Lautdifferenzierung sowohl in der Produktion als auch in der Rezeption.

Auf den Punkt gebracht!

Erst das stimmige Zusammenspiel von Basiskompetenzen, Sprachhandlungsstrategien und linguistischen Fähigkeiten ermöglicht Kindern eine wirksame Kommunikation (Abb. 9).

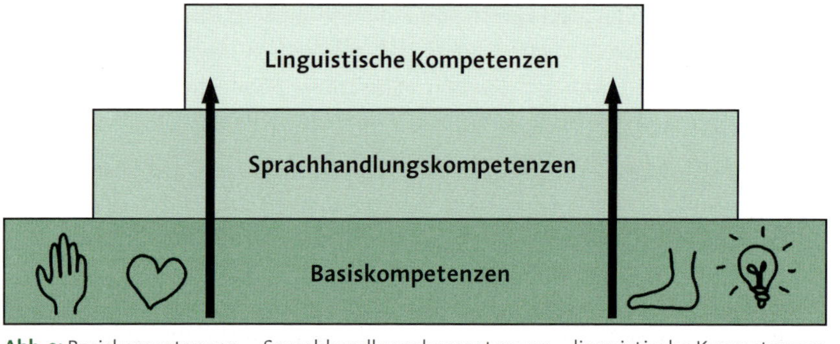

Abb. 9: Basiskompetenzen – Sprachhandlungskompetenzen – linguistische Kompetenzen

Tracy, R. (2008): Wie Kinder Sprachen lernen: Und wie wir sie dabei unterstützen können. Francke, Tübingen

2 Schulische Lernprozesse im Kontext sprachlich-kultureller Vielfalt

Sprachliche Vielfalt findet nicht nur im Zusammenhang mit dem Erwerb und dem Gebrauch *einer* Sprache statt (Kap. 1). Deshalb wird im zweiten Kapitel der Fragestellung nachgegangen, was es bedeutet, wenn Schulkinder mit *zwei* oder *mehreren* Sprachen aufwachsen. Hierzu stellen Sie sich als Lehrkraft vielleicht die Frage, ob Mehrsprachigkeit eher förderlich oder eher hinderlich sei. Deshalb möchten wir folgende Aspekte klären:

- Was bedeutet es, wenn ein Kind mehrsprachig aufwächst? Welchen Stellenwert nehmen dabei die verschiedenen Sprachen ein? (Kap. 2.1)
- Ist es problematisch, wenn Kinder zwischen Erst- und Zweitsprache wechseln und die Sprachen mischen? Wie sind Spracherwerbsschwierigkeiten bei mehrsprachigen Kindern einzuschätzen? (Kap. 2.2)

2.1 Sprachlich-kulturelle Vielfalt

Grundsätzlich kann davon ausgegangen werden, dass mehrsprachige und interkulturelle Erfahrungen für Kinder vorteilhaft und gewinnbringend sein können (Chilla / Niebuhr-Siebert 2016). Allerdings können Erschwernisse entstehen, wenn beispielsweise mehrsprachige Kinder im Unterricht keine Möglichkeit haben, ihre Erstsprache zu benutzen oder wenn die Schule keine Anknüpfungspunkte zu wichtigen individuellen Erfahrungen der Kinder schaffen kann.

Spannungsfeld Migration und Fluchterfahrung

Das Spannungsfeld zwischen Vorteil und Erschwernis soll zunächst exemplarisch am Fallbeispiel eines 8 Jahre alten russisch-deutschsprachigen Jungen mit Migrationshintergrund aus Kasachstan veranschaulicht werden.

Nikita freut sich immer auf den Sachunterricht in seiner 3. Klasse. Laut Aussage der Eltern erzählt er zu Hause auf Russisch begeistert von diversen Inhalten. In dieser Unterrichtsstunde arbeitet er mit seinen Mitschülern in einer Tischgruppe zum Thema „Tiere des Waldes". Die Kinder haben die Aufgabe, Tierbilder Wortkarten zuzuordnen, z.B. *„Waschbär"*, *„Rotkehlchen"*, *„Siebenschläfer"*. Sehr langsam erliest er einzelne Wortteile und meint: *„Häh? Bär hier nicht dibt's!"* *„Das ist doch kein Bär!"*, erwidert ein Kind aus der Vierer-Gruppe. Nikita ist irritiert. Zusammengesetzte Nomen kommen nämlich im Russischen eher selten vor. Bei dem Begriff „Waschbär" haben sich zudem die Bedeutungen der beiden Wortteile in der Wortverknüpfung verändert. Er macht sich Gedanken und fragt sich: *„Die anderen Kinder sind wohl schlauer als ich. Hoffentlich bemerkt das niemand!"*

Ein anderes Fallbeispiel offenbart Schwierigkeiten in der Kommunikation und Kontaktaufnahme eines 8-jährigen Mädchens mit Fluchthintergrund. Das Mädchen ist mit seinem Vater aus Syrien geflohen und lebt nun seit einem Jahr in Deutschland.

Basima steht während der Pause in der Nähe einer Gruppe von vier anderen Mädchen im Innenhof der Schule. Die Schülerinnen erzählen sich Neuigkeiten aus dem aktuellen Kinofilm. Basima beobachtet interessiert ihre Mitschülerinnen und verfolgt in Ansätzen das Gespräch. Auch nachdem sie von zwei der Mädchen angesprochen wurde, kommt sie der Gruppe nicht näher. Basima glaubt, dass sie zu den Schilderungen der Mädchen nichts beitragen kann, da sie den Film nicht kennt und in Deutschland noch nie im Kino war. In großen Menschenansammlungen wie im Kino fühlt sie sich auch unwohl. Sie versteht die Erzählungen der Mädchen schon erstaunlich gut, kann sich aber im Deutschen noch nicht ausreichend ausdrücken. Deshalb denkt sie: *„Warum spricht niemand Arabisch in der Schule? Dann könnte ich mehr sagen."*

Für die pädagogische Arbeit an inklusiven Schulen sind in Bezug auf Migrations- und Fluchterfahrungen von Kindern folgende erste Orientierungen hilfreich.

Leitgedanken für eine sprachlich-kulturelle Vielfalt in der inklusiven Schule (Lüdtke / Stitzinger 2017; Stitzinger 2009):

- Anerkennung interkultureller und interlingualer Aspekte im Unterricht, z.B. morgendliche Begrüßungen in verschiedenen Sprachen und Ritualen
- Einblicke in die Verschiedenartigkeit familiärer Kontexte, z.B. durch Elterngespräche, vertraute Personen vermitteln in der Herkunftssprache
- Kenntnisse über Identitätskonflikte hinsichtlich wirtschaftlicher, kultureller, sozialer und sprachlicher Gegebenheiten, z.B. durch Informationen mittels Fachliteratur, interkulturelle Fortbildungen
- Unterstützung im Erwerb und Gebrauch von Herkunftssprache und Zweitsprache in Familie, Wohnumfeld, und Bildungsbezug, z.B. Empfehlung an die Eltern in der Familiensprache zu sprechen und gleichzeitig auch einen Deutschkurs zu belegen

Jabornegg-Altenfels, M., Böhm, H.J., Basol, B. (2012): Neue Nachbarn, neue Freunde. Yeni komsular, yeni arkadaslar. Langenhagen, Talisa

Weschke-Scheer, B. (2013): Interkulturelles Arbeiten mit Kindern und Eltern. Cornelsen Scriptor, Berlin

Stellenwert von Erst- und Zweitsprache

Im schulisch-unterrichtlichen Zusammenhang tauchen möglicherweise für LehrerInnen grundsätzliche Fragen auf, inwieweit alle Sprachen eines mehrsprachigen Kindes gefördert werden sollen oder nur eine? Wie stehen die Sprachen eines Kindes eigentlich zueinander? Ist vielleicht die Ziel- bzw. Bildungssprache Deutsch wichtiger?

Die Metapher zweier Bäume (Abb. 10) soll zunächst die Gelegenheit bieten, sich zu diesem Themenkomplex eigene Gedanken zu machen. Betrachten Sie bitte die Zeichnung und überlegen Sie, welche Assoziationen Sie damit zum Erst- und Zweitspracherwerb bzw. -gebrauch verknüpfen.

Assoziationen zu Erst- und Zweitsprache

Mögliche Assoziationen zum Bild der Bäume als Metapher für den Erst- und Zweitspracherwerb bzw. -gebrauch sind:

Abb. 10: Baum-Metapher für Erst- und Zweitspracherwerb bzw. -gebrauch

- *Wurzeln* als kulturelle, gesellschaftliche oder familiäre Basis für mehrsprachige Kinder; Wurzeln greifen ineinander über; teilweise nicht (mehr) äußerlich sichtbar; …
- *Boden* als Umfeld; hier erwerben und gebrauchen mehrsprachige Kinder ihre Sprachen; …
- *Stämme* als eigenständige Sprachsysteme; mehrsprachige Kinder entwickeln diese im Gehirn und wenden sie in unterschiedlichen Umgebungen und Situationen mit anderen Kindern und Erwachsenen an; …
- *Äste* als verschiedene sprachliche (linguistische) Kompetenzen eines mehrsprachigen Kindes, wie Wortschatz und Wortbedeutungszuordnung, Satzbau und Formenbildung, Lautbildung und Lautdifferenzierung (Kap. 1.3); diese unterscheiden sich von Sprache zu Sprache, können sich aber auch ähneln und überschneiden; …
- *Blätter* als Laute, Wörter, Sätze und Texte; mehrsprachige Kinder verstehen und sprechen diese in den verschiedenen Sprachen und lesen und schreiben diese (meist nur in der Sprache Deutsch) in der Schule; …
- *Früchte* als Erfolge eines mehrsprachigen Kindes, sich in vielen verschiedenen Situationen mit mehr als einer Sprache mit unterschiedlich sprechenden Kindern und Erwachsenen ausdrücken und unterhalten zu können; …

Mehrsprachigkeit bedeutet die Fähigkeit von Menschen, zwei oder mehr Sprachen zu verstehen und zu sprechen. Mehrsprachige Kinder können von der einen Sprache in die andere wechseln, wenn es die Situation erfordert.

Funktionen von Erst- und Zweitsprache bei Kindern

- Die Erstsprache ist ein wichtiger Bestandteil der Emotionalität, Identität und Herkunft eines Kindes, z.B. innige Eltern-Kind-Dialoge, vertraute familiäre Besonderheiten, stützende Peergroup, Zugehörigkeitsgefühl zur engeren Umgebung.
- Die Zweitsprache ist notwendig für die Handlungsfähigkeit, Alltagsbewältigung sowie Aneignung von Kulturtechniken und Wissen (Meyer 2002), z.B. Einkaufen, Sportvereine, Schulerfolg, Basis für hochwertige Berufsauswahl, Zugehörigkeitsgefühl zur Gesamtgesellschaft.
- Die Erst- und die Zweitsprache ergänzen sich im Leben eines Kindes und fördern die Persönlichkeitsentwicklung (sprachliche Heterogenität und Individualität) sowie die Teilhabe an Bildung und Gesellschaft (sprachliche Homogenität und Leitkultur) (Kiel 2005).

Balance zwischen der Erst- und Zweitsprache in der Schule!

– Wenn die Fähigkeiten der Erstsprache eines Kindes in der Schule nicht gewürdigt werden, kann sich dies negativ auf das sprachliche Selbstbewusstsein auswirken, z.B. *„Das, was ich kann, möchten die in der Schule gar nicht hören, dafür immer das, was ich nicht kann. – Ich bin ein sprachlicher Versager."*

– Wenn Kinder in der schulischen Umgebung untereinander nicht ihre Erstsprache sprechen dürfen, wird ein Teil ihrer Persönlichkeit abgeschnitten, z.B. *„Meine Sprache ist verboten, die Sprache ist schlecht. – Ich bin nichts wert."*

– Wenn Kinder im Zweitspracherwerb nicht schulisch unterstützt werden, können sie Unterrichtsinhalte nicht adäquat bearbeiten, z.B. *„Ich habe das nicht verstanden und weiß gar nicht, was ich rechnen soll. – Ich kann nicht rechnen."*

– Wenn Kinder zu wenig Gelegenheit erhalten, die Zweitsprache in der Schule positiv zu erfahren, kann eine Abwehr von unterrichtlichen und bildungsbezogenen Inhalten erfolgen, z.B. *„Deutsch zu schreiben, ist ziemlich schwer. – Ich will nicht mehr schreiben und lesen."*

– Wenn mehrsprachige Kinder im Deutschen und/oder in der Erstsprache gelegentlich weniger Wörter im Vergleich zu altersentsprechenden einsprachigen Kindern sprechen und verstehen können, muss das nicht

bedeuten, dass diese Kinder insgesamt gesehen einen geringen Wortschatz aufweisen. In der Summe kann sogar ein größeres Wortschatzvolumen vorliegen. Hierzu ist die „Gesamtsprachlichkeit" in den Blick zu nehmen (Panagiotopoulou 2016).

erwartungsgemäßer Mehrsprachigkeitserwerb

Nachdem die Bedeutung der Erst- und Zweitsprache innerhalb der Mehrsprachigkeitsentwicklung vorgestellt wurde, werden nun Hinweise gegeben, wie sich der Erwerb von zwei (oder mehreren) Sprachen vollzieht. Hierzu können allgemeine Anhaltspunkte hinsichtlich der Kontaktdauer mit der Zweitsprache Deutsch genannt werden (Kracht/Rothweiler 2003). Die Angaben betreffen den typischen Mehrsprachigkeitsverlauf bei Kindern unter günstigen Erwerbsbedingungen:

- Ab dem Erstkontakt mit der Zweitsprache Deutsch: z.B. Kinder verwenden gelegentlich Laute, Wörter oder grammatische Regeln der Erstsprache auch im Deutschen.
  → Sprachmischungen und Übertragungen von der Erstsprache auf die Zweitsprache als normale Lernstrategien
- Etwa 1 Jahr nach dem Kontakt mit der Zweitsprache Deutsch: z.B. Kinder benutzen die korrekte Verb-Zweitstellung im Aussagesatz *„Jetzt gehen wir in die Schule"* sowie Verbformen in der stimmigen Zuordnung zum Subjekt *„Du gehst mit"* statt der aus der Erstsprache übernommenen Verbstellung bzw. infiniten Verbform *„Du mitgehen"*.
  → Erwerb von Stellungs- und Flexionsregeln des Verbes im Deutschen
- Etwa 2 Jahre nach dem Kontakt mit der Zweitsprache Deutsch: z.B. Kinder bilden richtige Nebensätze *„Ich gehe in die Schule, weil ich Schulkind bin"* sowie regelhafte Zeitformen *„Ich bin in den Kindergarten gegangen"*
  → Erwerb komplexer Regelstrukturen im Deutschen
- Über einen längeren unbestimmten Zeitraum: z.B. mehrsprachigen Kindern bereiten die Verwendung von Artikeln *„der Ordner – die Mappe – das Buch"* und die Mehrzahlbildung *„die Bücher"* sowie die Markierung von Dativ und Akkusativ *„…in dem Buch – …in das Buch"* noch Schwierigkeiten.
  → Erwerb von Strukturen ohne oder mit komplexer Regelhaftigkeit

Auf den Punkt gebracht!

- Mehrsprachigkeit ist im globalen Zeitalter eine normale Erscheinung, wird aber oft noch nicht als Normalität angesehen.
- Es existieren vielfältige Formen und Konstellationen des Erwerbs und Gebrauchs mehrerer Sprachen.
- Mehrsprachigkeit bei Kindern muss als Gesamtkompetenz verstanden werden.
- Mehrsprachigkeit bei Sprachen mit einem hohen Prestige, z.B. Englisch, Französisch, Spanisch, wird im Allgemeinen mehr wertgeschätzt als Mehrsprachigkeit bei Sprachen mit einem niedrigen Prestige, z.B. Türkisch, Russisch, Polnisch.
- Für eine mehrsprachige Entwicklung bei Kindern sind in Deutschland noch keine optimalen Bedingungen geschaffen.

Chilla, S., Fox-Boyer, A. (2016): Zweisprachigkeit/Bilingualität. Ein Ratgeber für Eltern. 2. Aufl. Schulz-Kirchner, Idstein

Dehn, M., Osburg, C., Oomen-Welke I. (2011): Kinder & Sprache(n). Was Erwachsene wissen sollten. Taschenbuch. Seelze, Kallmeyer

Leist-Villis, A. (2012): Elternratgeber Zweisprachigkeit. Informationen & Tipps zur zweisprachigen Entwicklung und Erziehung von Kindern. Stauffenburg, Tübingen

Scharff-Rethfeldt, W. (2016): Sprachförderung für ein- und mehrsprachige Kinder. Ein entwicklungsorientiertes Konzept. Ernst Reinhardt, München/Basel

Stadnik, U. (2011): Lernen mit Kinderbüchern. Möglichkeiten der Sprachförderung in einer multilingualen Grundschule. Westermann, Braunschweig

2.2 Zwischen Beeinträchtigung und Bewältigung im mehrsprachigen Lernen

Derzeit wird unter Lehrkräften häufig diskutiert, wie mehrsprachige Kinder am besten in der Schule gefördert werden können. Verfolgen wir einführend einen kurzen Dialog zwischen Frau Mahler (Kap. 1) und der unterstützenden Lehrkraft für Sonderpädagogik (Kap. 1).

Im Lehrerzimmer teilt **Frau Mahler** besorgt ihre Beobachtung mit, dass **Nikita** immer noch zwischen Russisch und Deutsch wechsele und die Sprachen mische. Und sie ergänzt danach: *„Wie kann ich so den Sprachstand von Nikita überhaupt einschätzen und optimal fördern?“* Die Sonderpädagogin **Frau Hoffmann** beruhigt sie und meint: *„Viele Kinder wechseln zwischen den Sprachen während des Zweitspracherwerbs, das ist ganz normal.“ „Ich bin mir auch nicht sicher“*, bemerkt Frau Mahler weiter, *„ob Nikitas Auffälligkeiten beim Schreiben mit seiner Mehrsprachigkeit zusammenhängen.“*

Die Aspekte, die in dieser kleinen Gesprächsszene angesprochen wurden, sollen im Weiteren aufgegriffen und genauer untersucht werden.

Sprachmischungen als Lernstrategie und Kompetenz

Phänomene von Sprachmischung

Um Sprachmischungen bei mehrsprachigen Kindern verstehen zu können, nehmen wir im nächsten Abschnitt vier kurze Äußerungen von türkisch-deutschsprachigen Kindern aus verschiedenen Unterrichtssituationen genauer in den Blick.

- *„Ich zeig dir an Tafel.“*
  → Das Kind vereinigt Strukturen des Türkischen und des Deutschen, indem es den Artikel weglässt (im Türkischen existieren weder Artikel noch Geschlechtsmarkierungen am Substantiv) (Code-Mixing).
- *„Da zwei Schlangen sürünerek çayır üzerinde.“*
  → Das Kind wechselt vom Deutschen in das Türkische während des Gespräches (hier bei der Betrachtung eines Bildes: *„Zwei Schlangen kriechen auf der Wiese.“*) (Code-Switching).
- *„Im Zoo war große timsah mit große Zahn.“*
  → Das Kind gebraucht für den Begriff *„Krokodil“* das entsprechende türkische Wort *„timsah“* (Borrowing).
- *„Im Käfig spielen da viele Mauslar.“*
  → Das Kind wendet die erworbene türkische Mehrzahlbildung (Wortteil *„lar“*) im Deutschen an (Transfer).

Häufig werden diese sprachlichen Vermischungen bei mehrsprachigen Kindern als Problem aufgefasst. Lehrkräfte wie auch Eltern äußern hierzu Sorgen, dass die Kinder noch nicht erwartungsgemäß Deutsch sprächen. Bemerkungen wie: „*Das Kind macht immer noch so viele Fehler im Deutschen*", oder: „*Mein Kind spricht weder richtig Deutsch noch richtig Türkisch*", können vernommen werden. Manchmal unterbinden LehrerInnen und Eltern, dass die Kinder zwischen den Sprachen wechseln. Vor allem in einer einsprachig deutschen Schulpraxis (monolingualer Sprachmodus) werden Kinder gezwungen, ausschließlich Deutsch zu sprechen, so dass sie nicht auf die Erstsprache ausweichen können. In der Familie und mit anderen Kindern oder Erwachsenen derselben Erstsprache (bilingualer Sprachmodus) werden Sprachmischungen eher toleriert.

Sorgen gegenüber Sprachmischungen

Die Angst vor einem etwaigen Risiko oder Defizit ist unbegründet, wenn ein Kind Sprachen vermischt oder zwischen Sprachen wechselt. Wie Studien belegen (u.a. Kroffke/Rothweiler 2004), beweisen mehrsprachige Kinder vielmehr durch Sprachmischungen ein erfolgreiches Lernen und Kommunizieren.

positive Sicht auf Sprachmischungen

- Ein türkisch-deutschsprachiges Kind entnimmt bereits bekannte Wörter und grammatische Regeln aus dem Türkischen oder dem Deutschen im Gespräch in der jeweiligen anderen Sprache.
  → Lernstrategie im Mehrsprachigkeitserwerb
- Ein russisch-deutschsprachiges Kind wechselt öfters zwischen russischen und deutschen Ausdrücken und führt das Gespräch flüssig weiter.
  → Dynamische Sprachkompetenz zur Anwendung „quersprachiger" Fähigkeiten (Panagiotopoulou 2016).

Sprachmischungen als Ausdruck erfolgreichen Lernens und erfolgreicher Kommunikation

- Wichtige Strategie im Sprachlernen,
- Kompetenz zur Aufrechterhaltung der Kommunikation,
- Wissen um die Sprachkenntnisse des GesprächspartnerInnen,
- Integration einer mehrsprachigen Identität,
  → führt zu einer Stärkung der Mehrsprachigkeit und einem Kompetenzgefühl des Kindes.

Erschwerter Zweitspracherwerb oder Sprachentwicklungsstörung?

Erwerbsschwierigkeiten in der Zweitsprache Deutsch

Als verantwortungsvolle LehrerInnen zweifeln Sie vielleicht, wenn Sie nun an Kinder denken, bei denen Sie lang anhaltende oder gravierende Problembereiche und Schwierigkeiten im Spracherwerb und Sprachgebrauch wahrnehmen. Ein Beispiel dafür ist ein 10-jähriger Junge in einer 4. Grundschulklasse. Er sprach bis zum Eintritt in die Kindertagesstätte in seiner Familie ausschließlich Türkisch. Nur sehr langsam erlernte er deutsche Wörter. Nebensätze und Vergangenheitsformen bildet er im Deutschen immer noch nicht korrekt. Demgegenüber können seine sprachlichen Fähigkeiten im Türkischen als erstaunlich gut und altersgerecht eingeschätzt werden.

Demircan soll mit seinen MitschülerInnen in der Sporthalle im Sitzkreis den Aufbau für eine Kletterlandschaft aus der vergangenen Unterrichtsstunde beschreiben. Heute wird der Aufbau etwas erweitert. *„So Kiste ... und so zwei Stange ... und noch so lange Teil ... und so Treppe ... da an Wand ran"*, meint er. Genau kann er die eingesetzten Geräte von verschiedenen Kästen, Barren, Langbänken, einer Leiter und einer Sprossenwand nicht benennen. Auf die Frage, warum der Boden vollständig mit Matten ausgelegt werden muss, antwortet er: *„Du dann runterfallst von de Teil, dann wehtust du nicht."*

Ursachen eines erschwerten Zweitspracherwerbs im Deutschen

Sicherlich sind neben einer positiven Sicht auf dynamische Prozesse im mehrsprachigen Lernen und Kommunizieren auch sorgsame Beobachtungen im Hinblick auf Risikofaktoren im Mehrsprachigkeitserwerb von Kindern zulässig und sogar notwendig. So lassen sich bei dem Jungen im Fallbeispiel *Erwerbsschwierigkeiten in der Zweitsprache* Deutsch feststellen, die durch folgende ungünstige Entwicklungs- und Umfeldbedingungen verursacht worden sind.

- Demircan sitzt im Unterricht neben einem Mitschüler, der nur wenig mit anderen spricht.
  → schlechte *Qualität* des Sprachangebotes aufgrund fehlender positiver Sprachvorbilder für den Jungen im Deutschen
- Der Junge hört Deutsch nur am Schulvormittag als Unterrichtssprache.
  → keine ausreichende *Quantität* des Sprachangebotes für das Kind

- Demircan empfindet Deutsch als Unterrichtssprache anstrengend und fühlt sich im Unterricht wegen seiner deutschen Sprachdefizite als Außenseiter. Dagegen verbindet er Türkisch mit lustbetonten Handlungsmöglichkeiten innerhalb seiner Peergroup im Wohnumfeld. Gleichzeitig zeigen seine Eltern kein Interesse, selbst Deutsch zu lernen.
  → wenig *Lebensbedeutsamkeit* des Deutschen für das Kind (Kracht/Rothweiler 2003)

Merkmale eines erschwerten Zweitspracherwerbs im Deutschen

Diese aufgeführten Sprachlernbedingungen können verantwortlich dafür sein, dass ein mehrsprachiges Kind die Phasen des Zweitspracherwerbs ab dem Kontaktzeitpunkt mit der deutschen Sprache (Kap. 2.1) verzögert und erschwert vollzieht. Dabei sind vor allem sprachliche Ebenen wie folgt betroffen:

- Ein mehrsprachiges Kind kann sich deutsche Wörter schlecht einprägen und benutzt oft pauschale Bezeichnungen wie *„tun"*, *„Dings"* oder Floskeln wie *„... und dann machma hier ... und dann machma"*.
  → unzureichender deutscher Wortschatz und teilweise falsche Zuordnung von Wortbedeutungen
- Ein mehrsprachiges Kind versteht grammatische Strukturen falsch wie *„Nachdem ihr die Leiter an der Sprossenwand festgemacht habt, legt ihr die Matte auf den Boden."* und kann diese nur fragmentarisch selbst produzieren.
  → erschwerter Grammatikerwerb insbesondere der Nebensatzbildung, der raum-zeitlichen Zuordnung, der Unterscheidung von Dativ und Akkusativ sowie des Passiv-Gebrauchs
- Ein mehrsprachiges Kind versteht und verwendet problemlos seine Erstsprache mit den Eltern und Freunden.
  → altersgerechte und korrekte Lautbildung und Lautunterscheidung, Wortschatz und Wortbedeutungszuordnung sowie Grammatikentwicklung in der Erstsprache

Checkliste für erschwerten Zweitspracherwerb im Deutschen

- Erstsprachkompetenzen in der Regel altersgerecht und korrekt
- Zweitsprachkompetenzen deutlich verzögert und erschwert im Hinblick auf die Kontaktdauer mit der deutschen Sprache

Sprachentwicklungsstörung im Kontext Mehrsprachigkeit

Ein anderes Problem im Mehrsprachigkeitserwerb offenbart sich im bereits oben vorgestellten Fallbeispiel des russisch-deutschsprachigen Jungen (Kap. 2.1). Er zeigt nicht nur Erwerbsschwierigkeiten im Deutschen sondern generell Probleme im Spracherwerb, also auch im Russischen.

Nikita bereitet die Zuordnung der Tierbilder zu den Wortkarten in der Sachunterrichtsstunde über die Waldtiere große Schwierigkeiten. Am Nachmittag fragt er zu Hause seine Mutter, wie die Tiere im Russischen genannt werden. Er ist sich beim Begriff „*Waschbär*" unsicher. Die anderen Bezeichnungen kennt er auch nicht und fragt: „Что такое птица в лес?" *(/schto takoie ptitsa v lesa/ = Was ist Vogel im Wald?).* Dabei ersetzt er im Russischen „*sch*" mit „*s*" und bemerkt überhaupt nicht, dass damit eine andere Bedeutung entsteht: что *(/schto/ = was)* und сто *(/sto/ = hundert).* Außerdem spricht er „*k*" als „*t*" aus. Diese lautlichen Abweichungen sind bei Nikita auch im Deutschen zu erkennen.

Ursachen einer Sprachentwicklungsstörung im Kontext Mehrsprachigkeit

Der Junge aus dem Fallbeispiel weist hiernach eine *Sprachentwicklungsstörung in der Erst- und Zweitsprache* auf. Sowohl im Russischen als auch im Deutschen zeigen sich Erwerbsstörungen mit folgendem Hintergrund:

- Die Lehrerinnen und die Eltern wundern sich, warum Nikita bislang seine beiden Sprachen nicht alters- und kontaktzeitgerecht (Kap. 2.1) aufbauen konnte. In der Schule und zu Hause wurde immer besonders darauf geachtet, Nikita ein sprachanregendes Umfeld zu schaffen.
  → weitgehend optimale Sprachlernbedingungen
- Trotzdem weist das gesamte Sprachsystem des Jungen eine deutliche, generelle Entwicklungsstörung auf.
  → eine in der kindlichen Entwicklung begründete (genuine) Sprachentwicklungsstörung
- Es existieren keine Anzeichen von auditiven, visuellen, motorischen oder kognitiven Auffälligkeiten.
  → Ausschluss von sekundären Beeinträchtigungen

Folgende Merkmale können bei einer Sprachentwicklungsstörung in der Erst- und Zweitsprache vorliegen:

Merkmale einer Sprachentwicklungsstörung im Kontext Mehrsprachigkeit

- Ein mehrsprachiges Kind kann bestimmte Laute in beiden Sprachen nicht unterscheiden und aussprechen wie etwa: „*sch*" wird als „*s*" oder „*k/g*" als „*t/d*" gesprochen.
  → phonologische Störung (Kap. 3.2)
- Ein mehrsprachiges Kind versteht altersgemäße Begriffe in beiden Sprachen nicht oder verwendet unpassende Bezeichnungen.
  → semantisch-lexikalische Störung (Kap. 3.2)
- Ein mehrsprachiges Kind verwendet Verbformen und Verbstellungen in beiden Sprachen nicht alters- bzw. kontaktgerecht wie etwa: „*Jetzt ich schreibt in Heft*".
  → morphologisch-syntaktische Störung (Kap. 3.2)

Checkliste für eine Sprachentwicklungsstörung im Kontext Mehrsprachigkeit

- Erstsprachkompetenzen in der Regel deutlich verzögert
- Zweitsprachkompetenzen ebenfalls deutlich verzögert hinsichtlich der Kontaktdauer mit der deutschen Sprache

Abgrenzung zwischen erschwertem Deutschspracherwerb und Sprachentwicklungsstörung!

- Die Unterscheidung eines erschwerten Deutschspracherwerbs (wie bei **Demircan**) und der Sprachentwicklungsstörung eines mehrsprachigen Kindes (wie bei **Nikita**) ist meist nicht allein durch die Beobachtung der Sprachfähigkeiten im Deutschen zu bestimmen, da sich die Symptome im Deutscherwerb (wie bei beiden Kindern) ähneln können.
- Zur Abgrenzung im Rahmen einer zusätzlichen Erstsprachdiagnostik müssen sonderpädagogische oder sprachtherapeutische bzw. logopädische Fachkräfte mit Kenntnissen in der Erstsprache des mehrsprachigen Kindes hinzugezogen werden. Hierzu ermöglichen mehrsprachige pädagogische Teams vorteilhafte Einblicke in andere Erstsprachen (Stitzinger/Lüdtke 2014). Auch neue dynamische Überprüfungsverfahren, bei denen der Sprachlernprozess beobachtet wird, können Aufschluss über Sprachstörungen liefern (Ehlert 2014).
- Eine Sprachstörung im Kontext von Mehrsprachigkeit bedarf einer sprachtherapeutischen bzw. logopädischen Behandlung.

Chilla, S., Rothweiler, M., Babur, E. (2013): Kindliche Mehrsprachigkeit Grundlagen – Störungen – Diagnostik. 2. Aufl. Ernst Reinhardt, München/Basel

Grießhaber, W., Kalkavan, Z. (Hrsg.) (2012): Orthographie- und Schriftspracherwerb bei mehrsprachigen Kindern. Klett Fillibach, Stuttgart

Haytaoğlu, N., Büchner, I. (2002): In zwei Sprachen schreiben lernen. Zweisprachiger Türkischunterricht als Chance für eine umfassende Bildung. In: Grundschule Sprachen, (2), 42–43.

Lüdtke, U., Stitzinger, U. (2016b): Meine Sprache, deine Sprache, unsere Sprache. Schulische Förderung im ‚Unterstützungsprofil Sprache und Kommunikation' bei spezifischer Sprachentwicklungsstörung im inklusiven Kontext sprachlich-kultureller Diversität. In: Schiefele, C., Menz, M. (Hrsg.): Handlungsorientierte Perspektiven des Förderschwerpunkts Sprache. Abteilungen für die Praxis vom Kind aus gedacht. Schneider Hohengehren, Baltmannsweiler, 57–77

3 Sprachlich-kommunikative Beeinträchtigungen im Schulalter

In den einführenden beiden Kapiteln wurde betrachtet, was Sprache eigentlich ist, wo Sprache und Kommunikation im Unterricht vorkommen (Kap. 1) und wie wir sprachlich-kulturelle Vielfalt verstehen und wertschätzen (Kap. 2). Da Sie als Lehrkraft tagtäglich mit vielfältigen sprachlichen Phänomenen ihrer SchülerInnen konfrontiert sind, möchten Sie sicherlich auch erfahren, welche Abweichungen und Störungen im Erwerb und im Gebrauch der Sprache bei Kindern im Schulalter vorliegen können. Deshalb werden im dritten Kapitel folgende Fragestellungen zu Beeinträchtigungen der Sprache und Kommunikation in der inklusiven Schule erörtert:

- Ist es sinnvoll Abweichungen und Störungen im Bereich der Sprache und der Kommunikation zu klassifizieren – und wenn ja – wie? (Kap. 3.1)
- Welche Beeinträchtigungen existieren im Kindersprachbereich? Wie lassen sich diese nach primären Erscheinungsbildern (Kap. 3.2) sowie nach sprachlich-kommunikativen Störungen im Zusammenhang mit anderen (primären) Unterstützungsbedarfen (Kap. 3.3) einteilen?
- Wie können Beeinträchtigungen im Spracherwerb und im Sprachgebrauch bei Schulkindern ermittelt werden? (Kap. 3.4)

3.1 Zwischen Vielfalt und Störung

sprachlich-kommunikative Heterogenität vs. Kategorisierung

In der Klasse von Frau Mahler (Kap. 1) gehen die Lehrerin und die Sonderpädagogin Frau Hoffmann (Kap. 1) davon aus, dass sowohl unterschiedliche sprachlich-kommunikative Fähigkeiten als auch Schwierigkeiten bei den SchülerInnen im Sinne einer inklusiven sprachlich-kommunikativen Vielfalt vorkommen. Dementsprechend ist es nicht das Ziel der beiden Lehrkräfte, Kinder in eine Gruppe mit typischer, altersgerechter Sprachentwicklung und in eine Gruppe mit verzögertem oder gestörtem Spracherwerb einzuteilen. Allerdings versuchen die Lehrerinnen, die einzelnen sprachlich-kommunikativen Merkmale der Kinder zu beschreiben und zu begründen, um daraus Lösungen für die bestmögliche schulische Förderung zu entwickeln, z. B. im

Rahmen der Förderplanung. Somit verhelfen Identifizierung, Benennung und damit Kategorisierung verschiedener Erscheinungsbilder zu wertvollen Hinweisen für Fördermaßnahmen im Bereich der Sprache und Kommunikation (Lüdtke / Stitzinger 2015).

Teilhabe-orientierte Klassifikation

Eine Klassifizierung von Sprech-, Sprach-, Stimm-, Rede- und Schluckstörungen erfolgt ausdrücklich im Sinne der Teilhabeorientierung nach der weltweit durch die WHO verabschiedeten „Internationalen Klassifikation der Funktionsfähigkeit, Behinderung und Gesundheit" (‚International Classification of Functioning, Disability and Health', ICF) (DIMDI 2005; Romonath 2012). Beispielsweise wird die Wortfindungsschwierigkeit von Sarah (Kap. 1) nicht ausschließlich als Schwäche oder Unzulänglichkeit verstanden, sondern es wird geklärt, welche kindlichen Mitteilungsfähigkeiten und ausgleichenden Kompetenzen bei Sarahs Störungsbild vorhanden sind. Überdies wird ermittelt, welche Unterstützungsmöglichkeiten von Seiten der Schule und der Familie eingebracht werden können. Somit werden nicht nur einzelne Störungsbereiche der Sprache und Kommunikation systematisiert, sondern diese hinsichtlich ihrer Funktionsfähigkeit und Partizipationsmöglichkeiten erfasst. Außerdem werden Zusammenhänge zwischen personenbezogenen Faktoren und Umweltbedingungen hergestellt.

Auf den Punkt gebracht!

- Sprachlich-kommunikativ heterogene Klassen sind der Normalfall.
- Klassifizierungen sprachlich-kommunikativer Beeinträchtigungen bei Kindern dienen der Sicherung von Bildungschancen.
- Durch Beschreibungen und Erklärungen von schulischen Problemlagen eines Kindes im Bereich der Sprache und Kommunikation können Unterstützungsnotwendigkeiten und Förderperspektiven des Kindes detailliert ermittelt werden.
- Auf der Grundlage von Klassifikationsmodellen kann eine fachliche Verständigung zwischen GrundschullehrerInnen, SonderpädagogInnen, LogopädInnen bzw. SprachtherapeutInnen eindeutig erfolgen.

Erweiterte Sicht auf die Vielfalt sprachlich-kommunikativer Erscheinungsbilder!

- Sprachlich-kommunikative Störungen können sowohl als primäre Beeinträchtigungen als auch im Zusammenhang mit anderen beeinträchtigenden Erscheinungsbildern auftreten.

- Somit muss sich der Blick auf SchülerInnen mit Beeinträchtigungen der Sprache und der Kommunikation von der traditionellen Einordnung einer etwaigen „Sprachbehinderung“ auf eine breite Sicht vielfältiger und differenzierter Beeinträchtigungen ausweiten.

Braun, O. (2006): Sprachstörungen bei Kindern und Jugendlichen. Diagnostik – Therapie – Förderung. Kohlhammer, Stuttgart

3.2 Primäre Beeinträchtigungen der Sprache und Kommunikation

Systematisierung

Vor dem Hintergrund vorangegangener Überlegungen werden im Folgenden in der Systematisierung der Komponenten *Sprechen*, *Sprache*, *Stimme*, *Reden*, *Schlucken* entsprechende Störungsbilder, die besonders im schulischen Kontext auftreten können, beschrieben und erklärt. Es handelt sich hierbei um primäre Unterstützungsbedarfe im Bereich der Sprache und Kommunikation.

Aus Gründen der Übersichtlichkeit wird jedes Störungsbild in folgender, wiederkehrender Struktur dargestellt:

- Skizzenhafter Ausschnitt eines Fallbeispiels
- Verallgemeinerung in Form einer Definition
- Checkliste zu Merkmalen
- Literaturempfehlung zur Vertiefung

Klassifikationsschema

Primäre sprachlich-kommunikative Beeinträchtigungen können eingeteilt werden in:

- Sprechstörungen,
- Sprachstörungen,
- Stimmstörungen,
- Redestörungen,
- Schluckstörungen.

Sprechstörungen

Komponente „Sprechen“

Die Gruppe der Sprechstörungen umfasst verschiedene Beeinträchtigungen der Aussprache. Diese können sich auf den gesamten Sprechvorgang in der motorischen Planung, Steuerung und Ausführung sowie der sensorischen Verarbeitung beziehen (Fiori/am Zehnhoff-Dinnesen 2012). Hierbei wird der Frage nachgegangen, wie das Kind seine Artikulationsorgane beim Sprechen verwendet und wie es seine Sprechbewegungen fühlen kann. Störungen dieser Vorgänge können im Bereich der äußeren Körperfunktionen (peripher), z. B. der Zunge, Zähne oder Mundmuskulatur, oder im zentralen Nervensystem (zentral-neurogen), z. B. in den sprechmotorischen Nervenbahnen, oder im Gehirn (cerebral), z. B. im artikulatorischen Planungszentrum, verursacht sein (Fiori/am Zehnhoff-Dinnesen 2012). In der Grundschule existieren vor allem periphere Sprechstörungen (phonetische Störungen).

Phonetische Störung

Im folgenden Fallbeispiel eines 7-jährigen Mädchens äußert sich eine Sprechstörung als periphere phonetische Artikulationsstörung.

Tamara hat mit ihren MitschülerInnen der Tischgruppe die Aufgabe, anhand von Bildern zum Thema „Schule früher“ herauszufinden, was damals im Unterricht anders und besonders war. Tamara beteiligt sich am Gespräch der Kinder und bemerkt auf einem Foto: *„Die Sule war dunkel.“* Außerdem erklärt sie: *„Die haben komis gesrieben.“ „Die haben auf einer swasn (schwarzen) Tafel gesrieben.“* Und auf einem anderen Bild stellt sie fest: *„Die haben alle Söfe (Zöpfe).“* In einer späteren Unterrichtsphase dürfen die Kinder die Rolle einer strengen Lehrerin oder eines Lehrers von damals spielen. Tamara ahmt den ermahnenden Ausruf *„sch – seid still!“* von der Lehrkraft nach, indem sie langgezogen *„sssssss“* artikuliert.

Phonetische Störungen bezeichnen Störungen der Artikulation im Zusammenhang mit beeinträchtigten muskulären und sensorischen Koordinationsfähigkeiten. Kindern gelingt hierbei die sprechmotorische Planung und Ausführung der Aussprache von Lauten und Lautfolgen nicht entwicklungsgemäß. Die Störung betrifft die Funktionen der Sprechmuskulatur und der Leitungsbahnen, jedoch nicht das zentrale Nervensystem.

Checkliste phonetische Störungen

Kinder mit phonetischen Störungen (Weinrich/Zehner 2011) können folgende Merkmale aufweisen:

- Schwierigkeiten bei der Koordination von Lippen und Zunge
  → keine altersgerechte Entwicklung der Mundmotorik
- Schwierigkeiten, bestimmte, kleinste erkennbare Lautwerte (Phoneme) wie „*s*“ oder Lautverbindungen wie „*ts*“ korrekt auszusprechen, auch isoliert nicht möglich

Dadurch können sich folgende lautliche Auswirkungen ergeben:

- z.B. bei „*s*“, indem die Zunge zwischen oder an die Zähne gerät (Sigmatismus)
  → Fehlbildungen einzelner Laute
- z.B. „*Schule*“ wird als „*Sule*“ ausgesprochen
  → Lautersetzungen
- z.B. „*Tsöpfe*“ (*Zöpfe*) wird reduziert als „*Söfe*“ gesprochen
  → Lautauslassungen

Fiori, A., Zehnhoff-Dinnesen, A. G. am (2012): Ausspracheštörungen. In: Braun, O., Lüdtke, U. (Hrsg.): Behinderung, Bildung, Partizipation. Enzyklopädisches Handbuch der Behindertenpädagogik. Bd. 8. Sprache und Kommunikation. Kohlhammer, Stuttgart, 347–363

Weinrich, M., Zehner, H. (2011): Phonetische und phonologische Störungen bei Kindern. Aussprachetherapie in Bewegung. 4. Aufl. Springer, Heidelberg

Sprachstörungen

Komponente „Sprache“

Im Gegensatz zu Sprechstörungen, die sich auf die sprechmotorische Ausführung beziehen, wird die Bezeichnung Sprachstörung als Oberbegriff für Störungen im Sprachsystem verwendet. Damit sind Schwierigkeiten zu verstehen, sprachliche Strukturen und Merkmale als gedankliches Abbild im Gehirn (mentale Repräsentation) korrekt und verwendbar darzustellen. Zu unterscheiden sind hier Sprachstörungen, die aufgrund einer Entwicklungsstörung den Spracherwerb beeinträchtigen oder solche, die neurogen, zentral-organisch verursacht sind (Kauschke et al. 2012).

Da bei Grundschulkindern im Wesentlichen Störungen des Spracherwerbs auftreten, beziehen sich die fünf nachfolgenden Fallbeispiele auf Sprachentwicklungsstörungen (SES). Bei diesen Störungen sind die Planung und Verarbeitung sprachlicher Inhalte auf verschiedenen Sprachebenen betroffen:

- Lautunterscheidung (phonologische Störungen),
- Wortschatz und Wortbedeutung (semantisch-lexikalische Störungen),
- Grammatik (morphologisch-syntaktische Störungen),
- Gebrauch sprachlicher Mittel (pragmatische Störungen).

Von einer spezifischen bzw. umschriebenen Sprachentwicklungsstörung (SSES bzw. USES) wird gesprochen, wenn keine anderen sekundären Krankheits- und Störungssymptome vorliegen (Abb. 11).

Spezifische bzw. umschriebene Sprachentwicklungsstörungen (SSES bzw. USES) sind primäre Störungen des Spracherwerbs im Bereich der Sprachproduktion und/oder der Sprachverarbeitung auf meist verschiedenen Sprachebenen. Diese Störungen stehen nicht im Zusammenhang mit sekundären sensorischen, organischen, mentalen oder sozial-emotionalen Beeinträchtigungen.

Kannengieser, S. (2012): Sprachentwicklungsstörungen: Grundlagen, Diagnostik und Therapie. Elsevier, München

Phonologische Störung

In der folgenden Fallbeschreibung macht sich bei einem 8-jährigen Jungen eine Erwerbsstörung als phonologische Aussprachestörung bemerkbar.

Felix erzählt im Morgenkreis von seinem Geburtstag. Begeistert beschreibt er den Geburtstagstisch und benennt die Gegenstände darauf: *„Ein Guchen (Kuchen) mit acht Gerzen (Kerzen), ein Baket (Paket von der Oma), … eine Gogel aus Kold (Goldkugel) und Nuten (Noten für das Klavier).“* Später berichtet er freudig, dass es zum Essen *„Kaspetti“* (*Spaghetti*) gab und auf dem *„Klas“* (*Glas*) war ein Foto von ihm darauf. Allerdings beschwert er sich auch über das Wetter, da es den ganzen Tag über *„Reken“* (*Regen*) gab.

Phonologische Störungen umfassen Aussprachestörungen im Sinne einer Spracherwerbsstörung. Kinder mit einer phonologischen Störung haben die bedeutungsunterscheidende Funktion der Lautbildung noch nicht altersgemäß vollzogen. Dabei werden Unterschiede von Lauten und Lautfolgen hinsichtlich der Bedeutungsrelevanz nicht korrekt wahrgenommen und nicht differenziert artikuliert.

Checkliste phonologische Störungen

Als Merkmale für phonologische Störungen bei Kindern gelten:

- Fähigkeit, Laute (Phone) isoliert auszusprechen;
- jedoch keine altersgerechte Wahrnehmung und artikulatorische Umsetzung bedeutungsrelevanter Unterschiede zwischen Lauten (Phonemen), z. B. „*k*" wird als „*g*" gesprochen;

Dabei handelt sich um verschiedene phonologische Erwerbsprozesse, die von den Kindern noch nicht altersgerecht erkannt und überwunden werden (Jahn 2006). Nachfolgend werden häufig vorkommende Prozesse zusammengefasst:

- z. B. „*Kino*" – „*Tino*", „*Gabel*" – „*Dabel*"
  → Laute der hinteren Artikulationszone werden weiter vorne im Mund gebildet (Lautvorverlagerungen).
- z. B. „*Tanne*" – „*Kanne*", „*Dose*" – „*Gose*"
  → Laute der vorderen Artikulationszone werden weiter hinten im Mund gebildet (Lautrückverlagerungen).
- z. B. „*Glas*" – „*Klas*", „*Regen*" – „*Reken*"
  → Stimmhafte Laute werden stimmlos gebildet (Lauterhärtung).
- z. B. „*Kuchen*" – „*Guchen*", „*Paket*" – „*Baket*"
  → Stimmlose Laute werden stimmhaft gebildet (Lauterweichung).
- z. B. „*Noten*" – „*Nuten*", „*Schaufel*" – „*Schafel*"
  → Vokale werden nicht differenziert gebildet (Vokalprozesse).
- z. B. „*klein*" – „*krein*", „*Papagei*" – „*Papapei*"
  → Bestimmte Laute werden anderen Lauten angeglichen (Assimilationen).
- z. B. „*Spaghetti*" – „*Gaspetti*", „*Lokomotive*" – „*Mokolotive*"
  → Laute und Silben werden umgestellt (Silbenstrukturprozesse).

Jahn, T. (2006): Phonologische Störungen bei Kindern. Diagnostik und Therapie. 2. Aufl. Thieme, Stuttgart

Semantisch-lexikalische Störung

Das bereits im ersten Kapitel vorgestellte Mädchen im Alter von 9 Jahren (Kap. 1) lässt im nächsten Beispiel eine Spracherwerbsstörung im Bereich der Wortschatz- und Wortbedeutungsentwicklung erkennen.

Sarah spielt mit der Klasse eine Abwandlung von „Koffer-packen". Zum Thema Haus- und Nutztiere wird fiktiv ein Bauernhof zusammengestellt. Das Spielvorhaben macht Sarah zunächst Spaß, aber sie wird unruhig, als sie an die Reihe kommt. Sie kann nur zwei von bisher sechs genannten Tiernamen spontan wiedergeben: „*Kuh*" und „*Pferd*". Das dritte Wort „*Schaf*" fällt ihr auch dann nicht ein, als die Lehrerin eine Hilfe gibt: „*Es fängt an mit sch.*" Bei der vierten Tierbezeichnung hilft eine Mitschülerin: „*Es legt Eier.*" Daraufhin antwortet Sarah: „*Ah, ein Huhn.*" Als nun Sarah selbst einen neuen Begriff hinzufügen soll, sucht sie lange nach einem bestimmten Wort: „*Ähm, wie heißt das nochmal?...Ähm,...eine Ziege.*"

Semantisch-lexikalische Störungen sind eine Untergruppe von Spracherwerbsstörungen. Während Kinder bei einem semantischen Störungsbild Bedeutungen von Wörtern nicht altersentsprechend verknüpfen können, ist bei einem lexikalischen Störungsbild der aktive bzw. passive Wortschatz nicht adäquat aufgebaut und strukturiert.

Checkliste semantisch-lexikalische Störungen

Kinder mit semantisch-lexikalischen Störungen im semantischen Bereich sind in der Strukturierung von Bedeutungsmerkmalen (semantische Relationen) beeinträchtigt (Rupp 2013). Folgende Anzeichen können darauf hinweisen:

- z.B. Schwierigkeiten bei: „*Auto*", „*Bus*" und „*Motorrad*" sind alles „*Fahrzeuge*"; „*Reifen*", „*Lenkrad*", „*Blinker*" und „*Kofferraum*" sind alles Teile eines „*Autos*"
  → Schwierigkeiten bei Über- und Unterbegriffen sowie Teil-Ganzes-Strukturen
- z.B. eingeschränkte Kenntnis von „*ziehen*" im Gegensatz zu „*umziehen*", „*abziehen*", „*anziehen*", „*entziehen*"
  → eingeschränktes Begriffsverständnis

- z.B. unsichere Zuordnung der unterschiedlichen Bewegungsmerkmale von *„kriechen“*, *„krabbeln“*, *„robben“* und *„schleichen“*
  → reduzierte Begriffsmerkmale
- z.B. Merkmale zum Begriff *„Fahrkartenautomat“*, wie z.B. *„automatisches Gerät zum Fahrkartenkauf“*, können nicht gefunden werden
  → geringe Erschließungsfähigkeit neuer Begriffe

Im lexikalischen Bereich ergeben sich Schwierigkeiten beim Einprägen und Eingliedern von Wörtern in das eigene Sprachsystem (mentales Lexikon) (Rupp 2013). Dazu können folgende Symptome vorliegen:

- z.B. *„Ähm, ähm, wie heißt das nochmal?“*
  → erschwerter Wortabruf, nur teilweise gelingt die Wortfindung mit Abrufhilfen
- z.B. Verwendung pauschaler Begriffe wie *„Dingsda“* und *„tun“*
  → unsichere Wortwahl, geringe Wortvielfalt
- z.B. *„Blinker“* kann nicht von *„blinken“* abgeleitet werden
  → Schwierigkeiten bei Wortableitungen
- z.B. geringe Verwendung von Adjektiven
  → reduzierte Wortartenverwendung

Rupp, S. (2013): Semantisch-lexikalische Störungen bei Kindern. Sprachentwicklung: Blickrichtung Wortschatz. Springer, Berlin

Morphologisch-syntaktische Störung

In der nachfolgenden Fallbeschreibung wird ein Junge mit 9 Jahren skizziert, der eine grammatische Erwerbsstörung aufweist.

Tobias befindet sich mit drei anderen Jungen auf dem Pausenhof auf der Bewegungsbaustelle. Die Kinder sind gerade damit beschäftigt, mit Holzteilen eine Brücke über den Sandboden zu legen. Einer der Jungen spricht Tobias an und fragt nach, wo das breite Brett sei, das früher immer zur Verfügung stand. Tobias antwortet darauf: *„In die Baukiste!“* Er fügt noch hinzu: *„Aber da viel Bretten ist schon.“* Damit möchte er auf die große Anzahl der bereits verbauten Hölzer aufmerksam machen. Nach der Pause berichtet er seiner Lehrerin voll Begeisterung: *„Wir Auto-Brücke baut haben.“*

Morphologische Störungen gelten ebenfalls als Untergruppe von Spracherwerbsstörungen. Bei morphologischen Störungen wenden Kinder Wortmarkierungsregeln nicht altersgerecht in der Produktion bzw. Verarbeitung an.

Checkliste morphologische Störungen

Störungen im morphologischen Bereich einer grammatischen Erwerbsschwierigkeit eines Kindes können sich in folgenden Kategorien äußern (Lüdtke/Stitzinger 2015):

- z. B. „*Aber da viel Bretten ist schon.*“
  → keine oder unsichere Subjekt-Verb-Übereinstimmung
- z. B. „*Der klein Brett da.*“
  → keine oder unsichere Geschlechtsmarkierung (Genus)
- z. B. „*viel Bretten*“
  → keine oder unsichere Mehrzahlbildung (Plural)
- z. B. „*Das liegt in die Baukiste.*“
  → keine oder unsichere Fallmarkierung (Kasus)
- z. B. „*Wir Brücke baut haben.*“
  → keine oder unsichere Vergangenheitsformen

Das anschließende Fallbeispiel eines 10 Jahre alten Jungen offenbart grammatische Erwerbsstörungen mit deutlichen syntaktischen Verarbeitungsschwierigkeiten.

Ben hört dem Arbeitsauftrag seines Lehrers in der Klasse zu: „*Bevor ihr mit dem Schreiben beginnt, setzt ihr euch zu zweit zusammen und besprecht eure Ideen! Ihr dürft dann auch auf dem PC schreiben, wenn ihr mir eure Ergebnisse gezeigt habt!*“ Ben begibt sich an die Arbeit. Er setzt sich an einen der Computerarbeitsplätze und beginnt mit dem Schreiben. Der Lehrer bemerkt Bens Vorhaben und fragt ihn, wie er denn anfangen solle. Darauf antwortet Ben telegrammartig: „*weil am PC arbeiten erst und dann ich zeig dir's.*“

Syntaktische Störungen sind gleichfalls als Untergruppe von Spracherwerbsstörungen einzuordnen. Syntaktische Störungen äußern sich, indem Kinder Satzstrukturen nicht dem Alter entsprechend verstehen und bilden können.

Checkliste syntaktische Störungen

Grammatische Störungen eines Kindes im syntaktischen Bereich können sich in folgenden Aspekten abzeichnen (Lüdtke/Stitzinger 2015):

- z. B. „*Mama Ball.*“
  → unvollständige, fragmentarische Sätze
- z. B. „*Dann ich zeig dir's.*“
  → keine oder unsichere Verb-Zweitstellung (im Aussagesatz);
- z. B. „*Ich wegfahre mit Papa.*“
  → keine oder unsichere Verb-Klammer
- z. B. „*…, weil am PC arbeiten erst.*“
  → keine oder unsichere Verb-Endstellung (im Nebensatz).

Kruse, S. (2013): Kindlicher Grammatikerwerb und Dysgrammatismus. Verstehen – Erkennen – Behandeln. 3. Aufl. Haupt, Bern

Pragmatische Störung

Eine weitere Fallskizzierung beleuchtet die Schwierigkeiten eines 9-jährigen Jungen, ein Gespräch mit anderen Kindern angemessen zu führen. Ebenfalls gelingt es ihm nur begrenzt, sprachliche und nicht-sprachliche Mittel passend einzusetzen.

Steven unterhält sich während der Projektwoche mit einem Jungen aus einer anderen Klasse über die Jugendfeuerwehr. Die beiden tauschen sich zu ihren Erlebnissen aus, da Steven seit einem Monat als Neuer am Treffen der Jugendgruppe teilnimmt. Da er unbedingt seine Eindrücke loswerden möchte, fällt er seinem Gesprächspartner ständig laut ins Wort. Er schaut jedoch den Jungen kaum an und spielt aufgeregt mit einem Schlüsselanhänger in der Hand. Als sich der andere Junge endlich zu Wort melden kann, wendet sich Steven plötzlich von dem Gespräch ab, weil seine Aufmerksamkeit auf andere spielende Kinder gelenkt wird.

Pragmatische Störungen sind Spracherwerbsstörungen, bei denen Kinder nicht über altersgemäße situations- und kontextangemessene Sprachhandlungsstrategien verfügen. Außerdem können sich pragmatische Störungen durch einen nicht adäquaten Einsatz verbaler und nonverbaler Mittel äußern.

Checkliste pragmatische Störungen

Merkmale von pragmatischen Störungen lassen sich in der Kommunikationsstruktur und im Einsatz der Kommunikationsmittel eines Kindes beobachten (Spreen-Rauscher 2007). Pragmatische Störungen können in folgenden kindlichen Verhaltensweisen in Erscheinung treten:

- reduzierte oder unpassende Kontaktaufnahme mit Kindern oder Erwachsenen;
- beeinträchtigte Aufmerksamkeit im Gespräch;
- Schwierigkeiten, sich eindeutig und verständlich zu äußern;
- herabgesetzte Fähigkeit, sich beim Sprechen und Zuhören auf GesprächspartnerInnen einzustellen (Theory of Mind);
- Auffälligkeiten im Gebrauch der Sprache z.B. hinsichtlich Lautstärke oder Tonhöhe;
- Einschränkungen im Blickkontakt, Mimik, Gestik.

Spreen-Rauscher, M. (2007): Pragmatik. In: Schöler, H., Welling, A. (Hrsg.): Sonderpädagogik der Sprache. Bd. 1. Handbuch Sonderpädagogik. Hogrefe, Göttingen, 588–601

Stimmstörungen

Komponente „Stimme“

Neben Sprech- und Sprachstörungen existieren auch Erscheinungen und Störungsbilder im Bereich der Stimme. Diese werden als Stimmstörungen zusammengefasst. Dabei handelt es sich um Veränderungen und Einschränkungen bis hin zum völligen Verlust der Stimme und der Stimmgebung.

Im Kindersprachbereich können folgende Arten vorkommen:

- Beeinträchtigungen des gesamten Stimmspektrums (Dysphonien),
- spezifische nasale Veränderungen des Stimmklanges (Rhinophonien).

Dysphonie

Bei dem 8-jährigen Mädchen im nachfolgenden Beispiel sind Stimmstörungen und weitere Begleiterscheinungen festzustellen.

Lisa beteiligt sich mit Redebeiträgen am Unterrichtsgespräch. Sie wartet ab, bis sie von der Lehrkraft aufgerufen wird. Sie spricht in grammatikalisch korrekten Sätzen und altersgemäßer Wortwahl. Dennoch ist die Verständlichkeit etwas herabgesetzt, da ihre Stimme heiser, schwach und belegt klingt. Sie räuspert sich oft und schluckt viel. Es scheint, als ob sie fortwährend gegen Schleimbildung im Rachen ankämpft.

Dysphonien betreffen Störungen des Stimmklangs, des Lautstärken- und Tonhöheneinsatzes sowie des Stimmumfanges. Überdies kann die Leistungsfähigkeit der Stimme eingeschränkt sein. Kinder mit Stimmstörungen können begleitend Missempfindungen im Bereich der Stimmlippen und des Kehlkopfes verspüren.

Checkliste Dysphonien

Folgende Anzeichen können auf eine Dysphonie bei Kindern hinweisen (Fiori/Deuster 2012):

- Heiserkeit, oft verursacht durch Überanstrengung der Stimmlippen, z.B. durch lautes Schreien („Schreiknötchen" bzw. Stimmlippenknötchen);
- Stimmermüdung;
- zu schwache oder zu laute Stimme;
- zu hohe oder zu tiefe Stimmlage;
- eingeschränktes Stimmspektrum;
- zu harte oder zu behauchte Stimmeinsätze;
- veränderte stimmliche Leistung, z.B. beim Übergang ins Flüstern, bei Unterbrechungen oder beim Abbrechen der Stimme;
- Hochatmung.

Beushausen, U., Haug, C. (2011): Stimmstörungen bei Kindern. Ernst Reinhardt, München/Basel

Rhinophonie

Der Junge im nächsten Fallbeispiel ist 6 Jahre alt und weist eine operativ versorgte Lippen-Kiefer-Gaumen-Segel-Spalte (Spaltbildung im Bereich der Lippe, des Kiefers, des harten Gaumens und des Gaumensegels, LKGS) auf. Eine Korrekturoperation zur Verbesserung des Gaumenabschlusses zum Rachen steht noch aus.

Jacob weist eine senkrecht verlaufene Narbe zwischen Nase und Oberlippe auf. Diese Narbe ist noch ein sichtbarer Rest seiner operativ verschlossenen Lippen-Kiefer-Gaumen-Segel-Spalte. Eine durchgehende medizinische und sprachtherapeutische Versorgung konnte von Geburt an den sprachlichen Entwicklungsprozess von Jakob effektiv unterstützen. Heute verfügt Jakob über ein altersgemäßes Sprachrepertoire mit Ausnahme einer erhöhten nasalen Stimmgebung, denn er kann die Lippen wie auch das Gaumensegel noch nicht perfekt abschließen. Dadurch schwingt z.B. bei der Lautbildung von „*k*" geringfügig Luft durch die Nase. Jakob kann auch bei dem Verschlusslaut „*p*" nicht genug Druck aufbauen, so dass die entweichende Luft den Lautklang verändert.

Rhinophonien bezeichnen Störungen des Stimmklangs und der Artikulation von Nasallauten („*m*", „*n*", „*ng*") sowie Verschlusslauten („*b*", „*p*", „*d*", „*t*", „*g*", „*k*"). Dabei können Kinder aufgrund eines veränderten Nasenresonanzraumes eine erhöhte oder verminderte Nasalität aufweisen.

Checkliste Rhinophonien

Bei Rhinophonien kann die gesprochene Sprache eines Kindes bis zur Unverständlichkeit eingeschränkt sein. Dabei existieren zwei Varianten (Neumann 2011):

- Beim offenen Näseln (Hyperrhinophonie) entweicht bei den Verschlusslauten „*k*", „*p*" und „*t*" zu viel Luft durch Mund und Nase.
- Beim geschlossenen Näseln (Hyporhinophonie) wird bei den Nasallauten „*m*", „*n*" und „*ŋ*" der Luftstrom durch die Nase gehindert. Es klingt, als hätte das Kind „Schnupfen".

Kinder mit einer Lippen-Kiefer-Gaumen-Segel-Fehlbildung weisen insbesondere bei noch nicht erfolgter operativer und sprachtherapeutischer Versorgung Merkmale des offenen Näselns auf. Neben den skizzierten Klangstörungen kann es auch zu Begleiterscheinungen kommen, z.B. mimische Mitbewegungen aufgrund der Schwierigkeiten bei der Lautbildung.

Neumann, S. (2010): Frühförderung bei Kindern mit Lippen-Kiefer-Gaumen-Segel-Fehlbildung. 3. Aufl. Schulz-Kirchner, Idstein

Redestörungen

Komponente „Rede“

Störungen der Rede sind ein weiterer Störungsbereich. Darunter werden beeinträchtigte Fähigkeiten der Sprechflüssigkeit sowie der Kommunikationsgestaltung verstanden. Kindliche Redestörungen stehen in einer Wechselwirkung zwischen dem betroffenen Kind und seiner Umwelt. Obwohl Redestörungen in der Schule in der Regel nicht gehäuft auftreten, kann sich die Störung massiv auf das gesamte Sprech-, Kommunikations- und Sozialverhalten eines Kindes auswirken.

Redestörungen lassen sich in zwei Hauptformen gruppieren:

- Redeflussstörungen (Stottern und Poltern),
- Kommunikationsstörungen (Mutismus und Sprechangst).

Stottern

Im nächsten Beispiel wird die Situation eines 9-jährigen Jungen kurz beschrieben. Er zeigt Stottersymptome in Form von Blockaden im Redefluss.

Mick steht in der Warteschlange am Schulkiosk. Er möchte Kakao kaufen. Gleich ist er an der Reihe. Er spürt eine Anspannung, als er mit seiner Bestellung beginnt. Auch seine Atmung und sein Puls werden schneller. Beim Wort *„Kakao“* muss er mehrmals ansetzen: *„Ka-ka-ka-kakao“*. Es scheint, als sei die Anfangssilbe eine unüberwindbare Hürde für ihn. Es stört ihn, dass er stottert, doch er kann es nicht vermeiden. In der Sprachtherapie lernt er gerade Techniken, wie er allmählich mit seinem Problem besser umgehen kann.

Stottern wird als Störung des Redeflusses verstanden. Dabei bestehen Unterbrechungen in der Sprechflüssigkeit, welche von gesellschaftlichen Gewohnheiten abweichen. Die Unterbrechungen äußern sich in Wiederholungen, Dehnungen und Blockierungen von Lauten, Lautfolgen oder Wörtern.

Checkliste Stottern

Stottersymptome können bei Kindern in unterschiedlichen Formen festgestellt werden (Subellok/Katz-Bernstein 2012). Die Symptome kommen einzeln oder gemischt vor und können Laute, Lautfolgen oder Wörter betreffen:

- z. B. „*Fa-fa-fa-fa-fahne*"
  → Wiederholungen (klonisches Stottern)
- z. B. „*Ffffffahne*"
  → Dehnungen (tonisches Stottern)
- z. B. „*---Fahne*"
  → Blockierungen (tonisches Stottern)

Zusätzlich können weitere Begleitsymptome beobachtet werden:

- Sprechen mit nur wenig Restluft oder Sprechen beim Einatmen (unphysiologische Atmung);
- Verkrampfungen der Gesichtsmuskulatur;
- Vermeiden von Formulierungen, in denen besonders vom Stottern betroffene Laute und Lautfolgen enthalten sind;
- Rückzug aus Gesprächen und Gruppensituationen;
- Störungsbewusstsein und Entwicklung eines negativen Selbstkonzeptes.

Sandrieser, P., Schneider, P. (2015): Stottern im Kindesalter. 4. Aufl. Thieme, Stuttgart

Mutismus

Das 7 Jahre alte Mädchen im folgenden Fallbeispiel schweigt konsequent im Unterricht. Zu Hause kommuniziert es allerdings aktiv mit allen Familienmitgliedern.

Sophie sitzt mit ihren MitschülerInnen am Gruppentisch. Auf dem Tisch liegen verteilt Fotos von einzelnen Gemüse- und Obstsorten. Die Kinder haben nun die Aufgabe, die Bilder entsprechend der Oberkategorien in Gemüse oder Obst zu sortieren und die Auswahl zu begründen. Die Gruppe diskutiert angeregt miteinander. Nur Sophie spricht nicht, obwohl sich alle um sie kümmern. Auch als die Lehrerin hinzukommt und eine Frage an Sophie stellt, bleibt sie still. Sie zeigt auch keine Regung im Gesicht und vermeidet den Blickkontakt. Nur außerhalb der Unterrichtsstunden unterhält sich Sophie mit einem Mädchen aus der Nachbarklasse meist in einer Ecke des Pausengeländes.

Mutismus wird als Kommunikationsstörung mit einem über ca. sechs Monate andauernden Schweigen gegenüber bestimmten Personen oder in spezifischen Situationen definiert. Dabei liegt ein abgeschlossener Spracherwerb der Kinder mit weitgehend intakter Sprech- und Sprachfähigkeit vor.

Checkliste Mutismus

In der starken Ausprägung von Mutismus sind bei Kindern folgende Merkmale z. B. gegenüber Lehrkräften und MitschülerInnen im Unterricht zu erkennen (Katz-Bernstein 2007; Bahr 2006):

- Ein Kind spricht dauerhaft weder Sätze noch Wörter
  → keine sprachlichen (verbalen) Äußerungen;
- Kein Lachen oder Weinen des Kindes ist zu hören
  → keine hörbaren (paraverbalen) Äußerungen;
- Fast regungslose Mimik, Gestik und Körpersprache
  → keine sichtbaren (nonverbalen) Äußerungen;
- Kaum Blickkontakt;
- Auch mit Hilfestellungen keine Aufnahme sozialer Kontakte.

Bahr, R. (2012): Wenn Kinder schweigen. Redehemmungen verstehen und behandeln. 6. Aufl. Patmos, Düsseldorf

Schluckstörungen

Komponente „Schlucken“

Für Störungen des Schluckvorganges wird der Oberbegriff Schluckstörungen (Dysphagien) verwendet. Störungen des Schluckens umfassen die neuronale Planung, Steuerung und motorische Ausführung. Schluckstörungen können in allen Lebensphasen vom Säugling bis zum älteren Menschen vorkommen. Im Schulalter treten jedoch Störungen des Schluckens selten auf.

Die Skizzierung des nächsten Falles beleuchtet einen 6-jährigen Jungen mit Resten von Schluckproblemen beim Trinken.

Rico trinkt in der Frühstückspause seinen Saft. Er benutzt dazu einen Strohhalm und hält ihn zum Saugen seitlich im Mund. Manchmal läuft etwas Flüssigkeit aus dem Mundwinkel und gelegentlich verschluckt er sich, so dass er husten muss. Im Kindergarten war das Saugen und Schlucken noch ein großes Problem für Rico. Mittlerweile kann er das Trinken schon besser kontrollieren.

Dysphagien sind Störungen des Schluckens. Kinder mit Schluckstörungen weisen ein gestörtes Muster beim Schluckvorgang im Mund-Rachen-Raum oder im Bereich der Speiseröhre auf. Hierbei können Schwierigkeiten bestehen, die Nahrung zu zerkleinern, zu transportieren oder zu schlucken.

Checkliste Schluckstörungen

Schluckstörungen können sich bei einem Kind mit folgenden Merkmalen zeigen (Bartolomé/Neumann 2013):

- Nahrung gleitet wieder aus dem Mund;
- Nahrung gleitet in den Rachen, in den Kehlkopf oder in die Luftröhre, bevor der Schluckreflex einsetzt;
- Nahrungsreste verbleiben nach dem Schlucken im Mund und Rachen.

Ojeda, E. (2012): Schluckstörungen. In: Braun, O., Lüdtke, U. (Hrsg.): Behinderung, Bildung, Partizipation. Enzyklopädisches Handbuch der Behindertenpädagogik. Bd. 8. Sprache und Kommunikation. Kohlhammer, Stuttgart, 397–418

Prosiegel, M., Weber, S. (2013): Dysphagie. Diagnostik und Therapie. Ein Wegweiser für kompetentes Handeln. Springer, Berlin, Heidelberg

Erfassung differenzierter Merkmale sprachlich-kommunikativer Erscheinungsbilder!

- Mit der Klassifizierung von Störungen im Bereich der Sprache und Kommunikation wird eine genaue Beschreibung und Erklärung von Problemmerkmalen angestrebt und nicht eine pauschale Einteilung in „sprachgestört“ oder „ungestört“ vorgenommen.
- Außerdem wird mit der Klassifizierung der fachliche Austausch über sprachlich-kommunikative Problemlagen von Kindern ermöglicht.
- Schließlich werden auf Grundlage der Klassifizierung ein notwendiger sprachlich-kommunikativer Unterstützungsbedarf ermittelt und Fördermaßnahmen geplant.

3.3 Sprachlich-kommunikative Störungsbilder bei anderen primären Beeinträchtigungen (anderen Unterstützungsschwerpunkten)

erweiterte Systematisierung

Im Gegensatz zu den 1980er und 1990er Jahren, als Kinder mit sprachlich-kommunikativen Beeinträchtigungen vorwiegend in Förderschulen Schwerpunkt Sprache unterrichtet wurden, öffnet sich der Blick in der Perspektive schulischer Inklusion zur Unterstützung und Förderung im Unterricht auf eine Vielfalt sprachlich-kommunikativer Erscheinungen. Das sprachspezifische Aufgabenspektrum von Lehrkräften erweitert sich damit auf Interventionen bei Kindern mit anderen primären Beeinträchtigungen. Eine Zuordnung entsprechender sprachlich-kommunikativer Störungsbilder kann auf der Basis der Empfehlungen der Kultusministerkonferenz (KMK 2011) erfolgen.

Klassifikationsschema

Sprachlich-kommunikative Störungsbilder bei anderen primären Beeinträchtigungen können eingruppiert werden in die Unterstützungsschwerpunkte:

- Hören,
- Lern- und Leistungsverhalten,
- Emotional-soziale Entwicklung,
- Geistige Entwicklung,
- Körperlich-motorische Entwicklung.

In den nachfolgenden Fallskizzierungen wird beispielhaft jeweils eine mögliche sprachlich-kommunikative Begleiterscheinung im Kontext einer primären Beeinträchtigung aufgezeigt.

Hören

In der folgenden Fallbetrachtung handelt es sich um einen 8-jährigen Jungen mit einer primären Hörbeeinträchtigung. Als Begleiterscheinung besteht bei ihm eine auditive Verarbeitungs- und Wahrnehmungsstörung.

Lasse ist aufgrund einer ausgeprägten Hochtonschwerhörigkeit mit einem Hörgerät versorgt. Damit kann Lasse auch Konsonanten wie *„k“* und *„t“* sowie Zischlaute wie *„sch“* und das stimmlose *„s“* verstehen. Dennoch bereitet ihm die Verarbeitung der gesprochenen Sprache Schwierigkeiten, wenn z.B. die Lehrerin mit dem Rücken zugewandt eine Arbeitsanweisung erteilt.

Auditive Verarbeitungs- und Wahrnehmungsstörungen (AVWS) bezeichnen Störungen der neurogenen Verarbeitung von Höreindrücken im Bereich der Leitungsbahnen sowie der entsprechenden zentral-neurogenen Wahrnehmung im Gehirn. Eine AVWS beschreibt jedoch nicht Schwierigkeiten der peripheren Hörfähigkeit im Bereich des Gehörganges, des Mittelohres und des Innenohres.

Checkliste auditive Verarbeitungs- und Wahrnehmungsstörung

Eine auditive Verarbeitungs- und Wahrnehmungsstörung (AVWS) zeigt sich je nach Entwicklungsalter des Kindes auf verschiedenen Verarbeitungs- und Wahrnehmungsebenen, z.B. auf der vorsprachlichen Ebene von Geräuschen und Klängen oder auf der sprachlichen Ebene von Sätzen, Wörtern oder Einzellauten (Nickisch et al. 2016; Lauer 2014). Unsicherheiten eines Kindes in folgenden Bereichen und unterschiedlichen Ebenen können auf eine AVWS hinweisen:

- z.B. mit verbundenen Augen nicht auf eine im Raum sprechende Person zeigen können
  → Lokalisieren von Geräuschquellen
- z.B. Anweisungen der Lehrkraft in einer lauten Klasse nicht verstehen können
  → Herausfiltern akustischer Informationen aus einem Störgeräusch
- z.B. *„Tanne“* und *„Kanne“* nicht als nicht gleich erkennen können
  → Unterscheiden akustischer Elemente
- z.B. die Reimwörter aus dem Wortangebot *„Maus“*, *„Mann“*, *„Haus“* nicht herausfinden können
  → Wiedererkennen akustischer Elemente
- das Wort *„Baum“* nicht in die lautlichen Bestandteile *„b – au – m“* zerlegen können
  → Heraushören akustischer Elemente
- z.B. die lautlichen Bestandteile *„b – au – m“* nicht zum Wort *„Baum“* zusammenfügen können

→ Verknüpfen akustischer Elemente

- z.B. „*te – efon*“ nicht zum Wort „Telefon“ ergänzen können
  → Ergänzen zu vollständigen akustischen Einheiten
- z.B. die vorgesprochenen „Zutaten eines Buchstabensalates“ wie „*b*“, „*m*“, „*sch*“, „*t*“ nicht einprägen und wiedergeben können
  → Hörmerkspanne akustischer Elemente
- z.B. eine vorgesprochene Silbenkombination nicht als „Geheimwort“ kurzzeitig merken und wiedergeben können, wie etwa „*me – lo – si – ta – pu*“
  → Einprägen akustischer Reihenfolgen

Nickisch, A. et al. (2016): Auditive Verarbeitungs- und Wahrnehmungsstörungen (AVWS) bei Schulkindern. Diagnostik und Therapie. Modernes Lernen, Dortmund

Lern- und Leistungsverhalten

Das nächste Fallbeispiel schildert eine kurze Situation mit einem Jungen im Alter von 10 Jahren mit einem primären Unterstützungs- und Förderbedarf im Lern- und Leistungsverhalten. Seine erschwerte Aufnahme- und Konzentrationsfähigkeit sowie seine beeinträchtigte Lernstrukturierung und -steuerung wirken sich neben den Schwierigkeiten im Lernprozess des Schreibens, Lesens und Rechnens zusätzlich auf seine Redegestaltung aus. Als Begleiterscheinung zeigt er einen unregelmäßigen, überhasteten Redefluss, der als Poltern bezeichnet wird.

Adrian berichtet seinem Freund vor Unterrichtsbeginn von einer Sendung im Fernsehen: *„…unann, unann ha er Typ … nur no schrien unds an weglauf…“ (und dann hat der Typ nur noch geschrien und ist dann weggelaufen).* Adrian spricht ziemlich schnell, manchmal auch mit Wiederholungen und abrupten Pausen, die an den betreffenden Stellen nicht passen. Zusätzlich lässt er bei vielen Wörtern die Endungen weg, so dass der andere Junge große Mühe hat, ihn zu verstehen.

Poltern bezeichnet eine Redestörung mit Auffälligkeiten in der Sprechgeschwindigkeit und im Sprechrhythmus. Die betroffenen Kinder sprechen phasenweise beschleunigt und überhastet bis hin zu kompletten Auslassungen von Lauten, Lautfolgen, Wörtern oder Satzteilen.

Checkliste Poltern

Das Störungsbild Poltern kann folgende Merkmale bei einem Kind aufweisen (Sick 2014):

- schnelles überhastetes Sprechen;
- unregelmäßiges Sprechtempo mit Beschleunigungen und Abbrüchen;
- Auslassungen, Verschmelzungen, Umstellungen und Wiederholungen von Lauten, Wörtern oder Satzteilen;
- unregelmäßiger oder nicht angemessener Einsatz der Lautstärke, der Betonung oder der Sprechmelodie;
- geringes Eingehen auf GesprächspartnerInnen.

Sick, U. (2014): Poltern. Theoretische Grundlagen, Diagnostik, Therapie. 2. Aufl. Thieme, Stuttgart

Emotional-soziale Entwicklung

Im Weiteren wird ein 8-jähriges Mädchen dargestellt (Kap. 2.1), das aufgrund von traumatisierenden Fluchterfahrungen unter Angstsymptomen leidet. Das Mädchen ist vor einem Jahr mit seinem Vater aus Syrien geflohen. In der Schule steht es oft abseits der Lerngruppe und findet kaum Kontakt zu anderen Kindern. Im Unterricht beteiligt sich das Mädchen nur wenig, häufig weigert es sich, in die Schule zu kommen. Vor dem Hintergrund der einschneidenden Erfahrungen entwickelte das Mädchen zusätzlich eine Sprechangst.

Basima arbeitet an einem Gruppenplakat mit drei anderen Kindern. Zögernd übernimmt sie die Beschriftung der Bilder. Sie traut sich wenig zu, ihre eigene Meinung sprachlich zu vertreten, obwohl sie Deutsch bereits in weiten Teilen versteht und ansatzweise sprechen kann. Am Tag des Plakatvortrages vor der Klasse erfolgt durch den Vater eine Krankmeldung für Basima, da sie in der Nacht nicht schlafen konnte und am Morgen unter Unruhe und Übelkeit litt.

Sprechangst umfasst Ängste, die beim Sprechen auftreten können, und wird als Kommunikationsstörung den Redestörungen zugeordnet. Dabei zeigen Kinder Angstsymptome beim Reden vor ZuschauerInnen oder in der Kommunikation mit bestimmten Personen oder in bestimmten Situationen.

Checkliste Sprechangst

Eine Sprechangst kann sich bei einem Kind in verschiedenen Symptomen widerspiegeln (Kriebel 2014):

- z.B. schneller Pulsschlag, beschleunigte Atmung, Nervosität, Schwitzen, Zittern der Hände, erhöhte Muskelanspannung, Mundtrockenheit, Übelkeit
  → körperliche und motorische Symptome
- z.B. Gefühl der Hilflosigkeit, Panikattacken, Blockaden, negative Selbsteinschätzung der eigenen sprachlichen Leistung, Angst vor unangenehmen Reaktionen anderer Personen, Vermeidung des Blickkontaktes zu anderen Personen
  → kognitive und emotionale Symptome

Beushausen, U. (2009): Sprechangst. Ein Ratgeber für Betroffene, Therapeuten und Angehörige pädagogischer Berufe. Schulz-Kirchner, Idstein

Geistige Entwicklung

Nachfolgende Fallsituation bezieht sich auf ein 9-jähriges Mädchen mit einem primären Unterstützungs- und Förderbedarf im Bereich der geistigen Entwicklung aufgrund der Chromosomenabweichung Trisomie 21 (Down-Syndrom). Als Folge davon weist das Mädchen eine eingebettete Sprachentwicklungsstörung auf allen Sprachebenen auf.

Hanna erklärt vor der Klasse im Sachunterricht einen durchgeführten Versuch zum Sinken und Schwimmen. Stolz trägt sie ausgewählte Ergebnisse mit knappen Worten vor: *„Nadel (Nagel) det unter, das (Knetkugel) det unter, Hos (Holz) nit det unter."* Sie benutzt zusätzlich Gesten für Sinken und für Schwimmen.

Eingebettete Sprachentwicklungsstörungen (ESES) kennzeichnen als Oberbegriff Störungen des Spracherwerbs im Zusammenhang mit einer anderen primären Entwicklungsbeeinträchtigung. Diese gehören übergeordnet zu den Sprachstörungen. Davon betroffene Kinder weisen Entwicklungsstörungen im gesamten Sprachsystem auf, welche sich auf die verschiedenen Sprachebenen der Aussprache, des Wortschatz- und Wortbedeutungsaufbaus sowie der Grammatikstrukturen beziehen können.

Checkliste eingebettete Sprachentwicklungsstörung

Die Merkmale einer eingebetteten Sprachentwicklungsstörung (ESES) stehen im Zusammenhang mit anderen primären Beeinträchtigungen (Kauschke et al. 2012), z. B. der geistigen und sensomotorischen Fähigkeiten oder der Emotionalität (Abb. 11). Eine ESES im Kontext des genetischen Syndroms Trisomie 21 kann sich sehr unterschiedlich ausgeprägt entwickeln:

- z. B. Sprechen mit Mimik und Handzeichen oder mit Lautäußerungen wie *„iiih"* und Lautmalereien wie *„fffff"* für *„Wind"*
  → Ausgleich einer ausbleibenden sprachlichen (verbalen) Entwicklung durch sichtbare (nonverbale) Mittel sowie hörbare (paraverbale) Mittel
- z. B. Schwierigkeiten bei der Aussprache und der Lautunterscheidung, geringe Wortschatz- und Wortbedeutungsentwicklung, erschwerter grammatischer Aufbau
  → ein im Entwicklungsverlauf von der Altersnorm abweichender Spracherwerb mit Beeinträchtigungen auf allen Sprachebenen in der Ausführung wie auch Verarbeitung
- vereinzelte Annäherungen an eine altersgerechte Sprachentwicklung in einer oder sogar zwei Sprachen bis hin zu Fähigkeiten des Lesens und Schreibens

Im Gegensatz zur ESES liegt bei einer spezifischen Sprachentwicklungsstörung (SSES, bzw. umschriebenen Sprachentwicklungsstörung, USES) eine isolierte, beeinträchtigte Sprachentwicklung vor (Abb. 11) ohne neurologische Schädigungen, ohne emotionale, kommunikative oder soziale Probleme und ohne weitere Beeinträchtigungen in der Gesamtentwicklung, wie z. B. in den Hör- und Sehleistungen, in der kognitiven oder motorischen Entwicklung (Kap. 3.2).

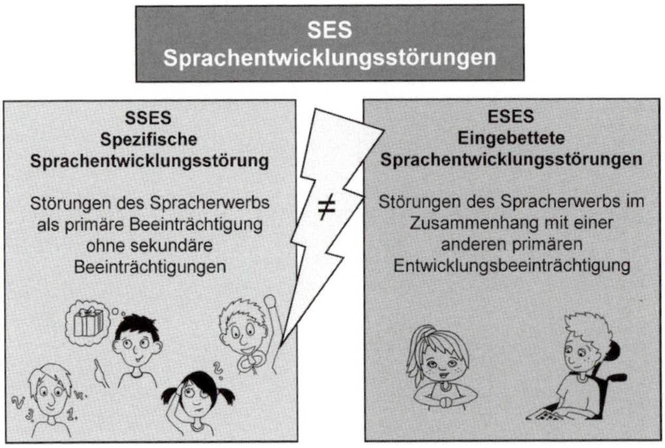

Abb. 11: Spezifische und eingebettete Sprachentwicklungsstörungen

Aktas, M. (2012): Entwicklungsorientierte Sprachdiagnostik und -förderung bei Kindern mit geistiger Behinderung. Theorie und Praxis. Elsevier, München

Körperlich-motorische Entwicklung

Schließlich wird ein Junge im Alter von 8 Jahren mit einem primären Unterstützungs- und Förderbedarf im Bereich der körperlich-motorischen Entwicklung geschildert, der aufgrund einer Infantilen Cerebralparese (Bewegungsstörung durch eine frühkindliche Hirnschädigung) seine Sprechmotorik nicht hinreichend kontrollieren kann. Demzufolge weist er zusätzlich eine Dysarthrie auf.

Finn ist auf den Rollstuhl angewiesen. Dazu wird er von einer Einzelfallhelferin in der Schule unterstützt, da er den Rollstuhl nicht selbständig bewegen kann. Zur Kommunikation verwendet er ein Tablet-Gerät mit Sprachausgabe. Er lernt, ein Symbolsystem anzuwenden und sich damit auszudrücken. Beim Antippen der Bilder benötigt er die Führung seiner Finger. Neben der Benutzung des Tablets erfolgt die Verständigung überdies, indem die Einzelfallhelferin Entscheidungsfragen an Finn stellt, die er grob unterscheidbar als *„haah“* (*ja*) oder *„heeh“* (*nein*) beantworten kann.

Dysarthrien bezeichnen neurogen bedingte, zentral-organische Störungen des Sprechens hinsichtlich Planung, Steuerung und Ausführung der Sprechmotorik. Im Gegensatz zu peripheren Sprechstörungen steht bei Kindern das Störungsbild meist im Zusammenhang mit cerebralen Bewegungsstörungen. Die Störung kann die Atmung, die Stimmgebung und die Artikulation umfassen.

Checkliste Dysarthrie

Dysarthrien können sich in folgenden, sich voneinander unterscheidenden Erscheinungen zu erkennen geben (Schölderle / Staiger 2014):

- verkrampfte Artikulation, gepresste Stimme und Atmung → erhöhte Spannung der Sprechmuskulatur;
- schwache Stimmgebung und Aussprache → verringerte Spannung der Sprechmuskulatur;

- überschießende und schlagartig auftretende Sprechbewegungen, Schwankungen der Lautstärke und Tonhöhe, wurmförmige Zungenbewegungen
  → unkontrollierbare Sprechmuskulatur;
- eingeschränkte Beweglichkeit sowie unsichere Koordination der Sprechorgane
  → ungenügend bewegliche und koordinierte Sprechmuskulatur.

Ziegler, W., Vogel, M. (2010): Dysarthrie verstehen – untersuchen – behandeln. Thieme, Stuttgart

Erfassung übergreifender Erscheinungsbilder!

- Bei anderen (primären) Unterstützungsbedarfen im Bereich des Hörens, des Lern- und Leistungsverhaltens, der emotional-sozialen Entwicklung, der geistigen Entwicklung sowie der körperlich-motorischen Entwicklung müssen mögliche sprachlich-kommunikative Störungsbilder als Begleiterscheinung ebenso differenziert erkannt werden.
- Diese Störungen sind in der Gesamtheit und Komplexität der individuellen Merkmale eines Kindes zu erfassen, um Ableitungen für eine geeignete Unterstützung und Förderung aufstellen zu können.

3.4 Abklärung sprachlich-kommunikativer Beeinträchtigungen

allgemeine Sprachbeobachtung

Um schulische Interventionen im Bereich der Sprache und Kommunikation zielgerecht planen und durchführen zu können, müssen sich die Lehrerinnen aus unserem Fallbeispiel (Kap. 1) ein Bild über Sarahs sprachlich-kommunikative Kompetenzen und Problemlagen (Kap. 1) zunächst durch allgemeine Sprachbeobachtungen verschaffen (Abb. 12). Offene Beobachtungen mit freien Notizen bieten sich den Lehrerinnen im Unterricht während des Team-Teachings, in der Kleingruppen- oder Einzelarbeit, in den Pausen wie auch bei außerunterrichtlichen Aktivitäten an. Auf der Basis von Sprachbeobachtungsbögen können überdies Beobachtungen differenziert durchgeführt werden. Spezielle Beobachtungsbögen für verschiedene sprachliche Bereiche, z. B. Aussprache, Wortschatz, Grammatik, sind bei Reber / Schönauer-Schneider vorzufinden (2014, 26).

spezifische Sprachdiagnostik

Eine weiterführende und differenzierte Abklärung von Sarahs sprachlich-kommunikativen Fähigkeiten und Störungen leistet eine spezifische

Sprachdiagnostik, die von der Sonderpädagogin durchgeführt wird (Abb. 12). Dazu werden auf verschiedenen Ebenen Informationen über das Kind und sein Umfeld eingeholt (v. Knebel 2010).

Abb. 12: Sprachbeobachtung und Sprachdiagnostik in der interprofessionellen Kooperation

Diagnostische Unterstützung durch Fachpersonen!

Zur Abklärung sprachlich-kommunikativer Problemlagen und sonderpädagogischer Unterstützungsbedarfe müssen Fachpersonen der Sprach(heil) pädagogik, der Sprachtherapie und der Medizin hinzugezogen werden (z. B. Lehrkräfte für Sonderpädagogik, LogopädInnen, SprachtherapeutInnen, KinderärztInnen, ÄrztInnen für Hals-Nasen-Ohrenheilkunde bzw. Phoniatrie und Pädaudiologie).

Funktion der Sprachdiagnostik

Mit dem Einsatz sprachdiagnostischer Instrumente können Fähigkeiten und Schwierigkeiten eines Kindes im Bereich der Sprache und Kommunikation genau ermittelt und der Entwicklungsprozess im Spracherwerb aufgezeigt werden. Daraus lassen sich Notwendigkeiten und Bedarfe für einen erfolgreichen Bildungsprozess ableiten, die wiederum die Grundlage für individuelle Förderpläne darstellen. Jedoch darf eine Sprachdiagnostik nicht zu Etikettierungen und Stigmatisierungen führen.

Auf den Punkt gebracht!

- Ermittlung von *Kompetenzen und Fähigkeiten* auf unterschiedlichen Ebenen im sprachlich-kommunikativen Zusammenhang
- Analyse des *Entwicklungsprozesses*
- Bezüge zu *Bedingungen und Umweltfaktoren*
- Klärung von *Beeinträchtigungen und Erschwernissen*
- Aufzeigen von *Entwicklungsmöglichkeiten und Fördernotwendigkeiten* im Hinblick auf gesellschaftliche Teilhabe und Sicherung von Bildungschancen
- Berücksichtigung von Beeinträchtigungen und Optimierung der Entwicklungsbedingungen im Sinne des *Abbaus von Lernbarrieren*
- Erreichung der *nächsten Zone der Entwicklung* unter Nutzung von Kompetenzen und Fähigkeiten in Förderung und Therapie
- Einbeziehung des *Umfeldes*, z.B. Eltern und MitschülerInnen

Knebel, U. v. (2012): Interdisziplinäre Diagnostik. In: Braun, O., Lüdtke, U. (Hrsg.): Behinderung, Bildung, Partizipation. Enzyklopädisches Handbuch der Behindertenpädagogik. Bd. 8: Sprache und Kommunikation. Kohlhammer, Stuttgart, 523–528

Spreer, M. (2015): Diagnostik im Kindergarten- und Grundschulalter. In: Praxis Sprache, 60 (4), 254–256

4 Auswirkungen auf schulische Lernprozesse

Nachdem in Kapitel 3 sprachlich-kommunikative Beeinträchtigungen mit ihren unterschiedlichen Erscheinungsbildern erläutert wurden, überlegen Sie sich als Lehrkraft vielleicht, ob und wie sich die einzelnen Störungsbereiche auf das schulische Lernen auswirken können. Deshalb sollen in diesem Kapitel folgende Fragen exemplarisch geklärt werden:

- Welche Schwierigkeiten können sich aufgrund von Sprachbeeinträchtigungen bei Kindern im Schriftsprachlernen ergeben? (Kap. 4.1)
- Welche Erschwernisse zeigen sich bei Kindern im Erwerb mathematischer Einsichten im Zusammenhang mit sprachlich-kommunikativen Beeinträchtigungen? (Kap. 4.2)

Unterschiedlichkeit von Auswirkungen

Hierbei ist zu betonen, dass nicht alle Störungsbilder im gleichen Maße zu Erschwernissen und Beeinträchtigungen in der Schule führen (Lüdtke / Stitzinger 2016a). Verschiedene sprachlich-kommunikative Erscheinungen können sich je nach Unterrichtsfach unterschiedlich auswirken und entsprechende Hilfestellungen sowie Differenzierungen im Unterricht erfordern. Dabei muss nicht zwangsläufig ein sonderpädagogischer Förderbedarf vorliegen.

Sonderpädagogischer Unterstützungsbedarf im Bereich der Sprache und Kommunikation ist gegeben, wenn zur Einlösung individueller Bildungs- und Erziehungsbedürfnisse von SchülerInnen mit Beeinträchtigungen der Sprache, des Sprechens und des sprachlich-kommunikativen Handelns spezielle Mittel, Methoden und Formen im Unterricht bereitgestellt werden müssen (KMK 2011).

sprachlich-kommunikative Lernbarrieren

Dementsprechend sind sprachlich-kommunikative Lernbarrieren, z. B. räumliche Bedingungen, Sprache der Lehrkraft, sprachliche Gestaltung und Inhalte der Unterrichtsmedien, Verarbeitungskanäle, Interaktionsgeschehen im Unterricht und Schulleben im jeweiligen Zusammenhang differenziert zu ermitteln und weitgehend abzubauen (u. a. Lüdtke / Stitzinger 2016b). Deshalb wird nicht ausschließlich die sprachlich-kommunikative Störung und Beeinträchtigung eines Kindes betrachtet (Kap. 3), sondern vor allem die schulische Situation beleuchtet, die das Kind beeinträchtigt. So werden im Weiteren unterrichtliche Lernbarrieren anhand häufig vorkommender Fälle beispielhaft erläutert.

Glück, C. W., Reber, K., Spreer, M. (2013): Förderbedarf Sprache inklusiv denken. Praxis Sprache 58 (4), 235–240

Mußmann, J. (2012): Inklusive Sprachförderung in der Grundschule. Ernst Reinhardt, München / Basel

Reber, K., Schönauer-Schneider, W. (2017): Sprachförderung im inklusiven Unterricht. Praxistipps für Lehrkräfte. Ernst Reinhardt, München / Basel

4.1 Barrieren im Schriftsprachlernen

Schriftsprache als Lerngegenstand

Aufgrund der Bezüge zwischen der gesprochenen und der geschriebenen Sprache (Kap. 1.2) liegt es nahe, dass sich im Schriftsprachlernen häufig Lernbarrieren für SchülerInnen mit sprachlich-kommunikativen Beeinträchtigungen ergeben können.

Zusammenhang zwischen Sprachstörung und Schriftsprachlernen

Vor dem Hintergrund der komplexen Zusammenhänge zwischen dem Laut- und Schriftsystem (Kap. 1.2) lässt sich erklären, dass sich nach Schätzungen bei etwa 40 bis 70 % der Kinder mit sprachlichen Auffälligkeiten Probleme im Schriftspracherwerb ergeben können (Conti-Ramsden et al. 2008; Dannenbauer 2009). Deutlich nachvollziehbar ist, dass offensichtliche Abweichungen im Spracherwerb und im Sprachgebrauch eines Kindes schriftsprachliche Schwierigkeiten bedingen. Allerdings besteht bei Sprachstörungen, die nicht (mehr) so deutlich wahrnehmbar sind, die Gefahr, dass die eigentliche Ursache des beeinträchtigten Schriftsprachlernens unerkannt bleibt.

Auf den Punkt gebracht!

- Die komplexen Bezüge zwischen Laut- und Schriftsprache können das Schriftlernen bei Kindern mit sprachlichen Beeinträchtigungen erschweren.
- Wenn Kinder über Sprache und Schrift nachdenken und diese untersuchen, können Fähigkeiten angeregt werden, Verbindungen zwischen Lautsprache und Schriftsprache herzustellen und Regelstrukturen zu entdecken (metalinguistische Fähigkeiten).

- Kinder mit sprachlich-kommunikativen Beeinträchtigungen können durch spezifische Unterstützung und den Abbau von Lernbarrieren erfolgreich die Schriftsprache erwerben (Abb. 13).
- Positive schriftsprachliche Erfahrungen wirken sich wiederum positiv auf lautsprachliche Kompetenzen aus.

Abb. 13: Abbau sprachlich-kommunikativer Lernbarrieren im Schriftspracherwerb

Schwierigkeiten morpho-syntaktischer Planung

Das Fallbeispiel aus dem Deutschunterricht einer 3. Klasse zeigt den Zusammenhang zwischen morphologisch-syntaktischen Störungen (Kap. 3.2) und möglichen Auswirkungen auf die Schreibplanung.

Tobias und seine MitschülerInnen erhalten regelmäßig am Montag zur ersten Unterrichtsstunde die Aufgabe, Erlebnisse vom Wochenende aufzuschreiben. Die notierten Wochenendgeschichten werden eine Woche lang im Klassenzimmer an der Geschichtenwand ausgestellt, damit die SchülerInnen auch die Texte der anderen Kinder lesen können. Tobias versucht, seine Erfahrungen in einem kleinen Bericht zusammenzufassen (Abb. 14). Er hat auch schon eine Idee für die Überschrift, die er seiner Lehrerin stolz mitteilt: *„In Schwimmbad war es schön“*. Entsprechend bringt er es zu Papier: *<In Schwimmbad wa es schön>* und bemüht sich um die weitere Umsetzung seines Planes. Dazu setzt er bei der Konstruktion von Sätzen fortwährend neu an, radiert Geschriebenes immer wieder weg oder überschreibt oft Wörter und Buchstaben. Schließlich präsentiert Tobias nach einer im Vergleich zur Lerngruppe langen Bearbeitungsdauer seine übrig gebliebenen schriftlichen Aufzeichnungen: *<Papa auch da wa> <Lina auch da wa> <Ich bin sprun von 3 Meter Brett>*

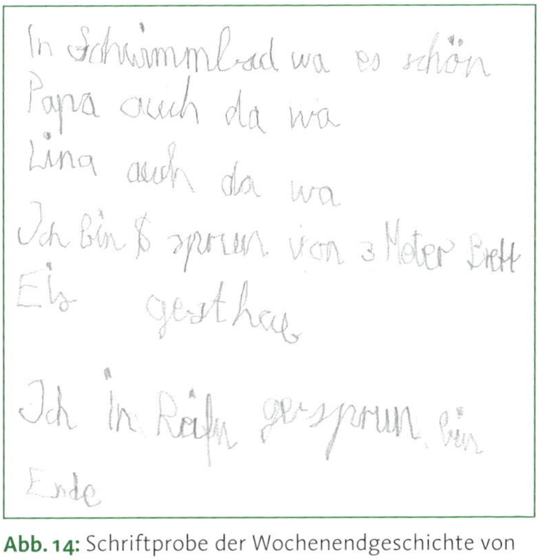

Abb. 14: Schriftprobe der Wochenendgeschichte von Tobias

<Eis gest hab> <Ich in Reifn gesprun bin> <Ende>. Während der Vorstellungsrunde in der Klasse und des anschließenden Anheftens der Geschichtenblätter zieht er sich sichtlich erschöpft zurück. Er scheint mit seinem Produkt nicht zufrieden zu sein. Vermutlich hätte er viel lieber nur mündlich von seinem Erlebnis berichtet.

Strukturierung durch Syntax und Morphologie

In diesem Fallbeispiel ist der Junge zunächst hoch motiviert, sein freudvolles Erlebnis mitzuteilen. Um entsprechende Handlungsdetails wiedergeben zu können, benötigt er Satzstellungsregeln (Satzgrammatik, Syntax), z.B. die Verb-Zweitstellung wie *„Im Schwimmbad war es schön"*. Überdies sind hierzu auch Regeln zu Formveränderungen in der Stamm-Morphem-Struktur (Wortgrammatik, Morphologie) bedeutsam, z.B. die Vergangenheitsform des Verbes „springen" wie *„Ich bin gesprungen"* (Perfekt). Diese Regeln stellen für Tobias ein Gerüst dar, das Einzelaspekte in eine nachvollziehbare Strukturierung gliedert.

Dekontextualisierung und Dezentrierung

Dazu sind eine situativ-ungebundene (Dekontextualisierung) und eine standpunkt-ungebundene Sprache (Dezentrierung) notwendig. So können Sachverhalte unabhängig von der konkreten Handlung sowie vom eigenen eingenommenen Standpunkt mitgeteilt und ausgedrückt werden. Dekontextualisierungs- und Dezentrierungsleistungen wirken sich nachweislich auf die Verarbeitungsmöglichkeiten syntaktisch-morphologischer Strukturen im gesprochenen und geschriebenen Text aus (Kaiser-Feuerlein 2008).

erschwerte Dekontextualisierung und Dezentrierung

Im Fallbeispiel scheint Tobias über zu wenig dieser Leistungen zu verfügen, da er aufgrund seiner grammatischen Störungen im Bereich der Kasusmarkierung sowie der Verbstellung und -flexion viel Energie und Zeit für die Schreibplanung verwendet. Letztlich bringt er nur bruchstückhafte schriftliche Ergebnisse zu Papier (Abb. 14), die ähnlich seiner gesprochenen Sprache morphologisch und syntaktisch nicht altersgerecht sind. Deswegen gerät Tobias nach anfänglicher offener Mitteilungsbereitschaft in eine sichtliche Überforderungssituation. Sein Rückzugsverhalten scheint für ihn dabei ein möglicher Ausweg zu sein.

erschwerte logisch-zeitliche Strukturierung

Ebenso ist im Fallbeispiel zu erkennen, dass logisch-zeitliche Strukturen von Tobias aufgrund seines grammatisch beeinträchtigten Sprachvermögens nur erschwert in korrekte und abwechslungsreiche schriftsprachliche Formulierungen umgesetzt werden können (Abb. 14). Er baut insgesamt kaum einen zusammenhängenden Handlungsstrang auf und verwendet für jeden Satz eine ähnliche Struktur mit geringer Variationsbreite. Hierzu fehlt ihm die morphologisch-syntaktische Sicherheit.

erschwerte Restrukturierung

Aufgrund einer erschwerten Einordnung sprachlicher Strukturen in das eigene Sprachkonzept (Restrukturierungsschwierigkeiten) können Kinder wie Tobias komplexe Satzkonstruktionen oft nicht adäquat aufnehmen und verarbeiten. So können sich sowohl beim Lesen wie auch bei der Schreibplanung Schwierigkeiten ergeben, die dann fälschlicherweise als Lese-Rechtschreib-Schwierigkeit bzw. Lese-Rechtschreib-Störung interpretiert werden könnten.

Übertragungen phonologischer Prozesse

In einem weiteren Fallbeispiel aus der Wochenplanarbeit im Bereich freies Schreiben einer 2. Klasse offenbart sich das Problem der Übertragung phonologischer Störungen (Kap. 3.2) auf die Phonem-Graphem-Zuordnung.

Felix geht in seiner Lerngruppe im Rahmen einer freien Schreibaufgabe des Wochenplanes motiviert an die Umsetzung. Zu einem besonderen Ereignis sollen die Kinder Bilder zeichnen und entsprechende Wörter dazu schreiben. Da er gerade Geburtstag hatte, fallen ihm viele Dinge ein, die er aufmalt und mit entsprechenden Bezeichnungen versieht (Abb. 15). Unbefangen stellt er sich der gestalterischen und schriftlichen Herausforderung. Allerdings hat es den Anschein, dass er die schriftliche Gestaltung zeitweise etwas oberflächlich und ungenau ausführt. Er ist schnell fertig. In seinem Schreibprodukt wird teilweise noch eine alphabetische Strategie deutlich, die jedoch die Lehrerin im Zusammenhang mit einem verzögerten Schreiblernprozess bewusst toleriert. Dennoch macht sie Felix auf einige Ungenauigkeiten aufmerksam, die sie im falschen Abhören bei der Phonem-Graphem-Zuordnung des Jungen vermutet: *<Guchn>*, *<Kerds1e>*, *<Baket>*, *<Klas>*, *<reken>*. So markiert sie die betreffenden Stellen mit dem Tipp, sich die Wörter noch einmal langsam vorzusprechen. Felix vermag jedoch bei keinem dieser Hinweise einen Fehler zu entdecken. Ebenso übersieht er die nicht korrekte Verschriftung *<kaspetti>* für *„Spaghetti“*

Abb. 15: Schriftprobe der Wochenplanarbeit zum freien Schreiben von Felix

sowie <*nuten*> für „*Noten*" und <*Gogl*> für „*Kugel*". Erstaunlich ist allerdings, dass er <*Licht*> und <*Michi*> rechtschriftlich korrekt realisiert, obwohl er bei der Präsentation vor der Klasse <*ch*> als „*s*" ausspricht.

erschwerte Differenzierung von Stimmhaftigkeit und Stimmlosigkeit

Bei der Betrachtung der Schreibergebnisse von Felix in diesem Beispiel fallen zunächst abweichende Konsonantenschreibungen auf (Abb. 15). Stimmhafte Phoneme wie „*g*" werden graphemisch als <*k*> realisiert, während stimmlose Phoneme wie „*k*" und „*p*" als <*g*> und <*b*> geschrieben werden. Hierbei verlässt sich der Junge auf sein Lautsystem, das hauptsächlich von zwei gegensätzlichen phonologischen Störungen geprägt ist: Während Felix stimmhaft auszusprechende Phoneme oft ohne Stimme realisiert, spricht er dagegen Phoneme, bei denen eigentlich kein Stimmeinsatz erfolgen sollte, häufig stimmhaft.

erschwerte Vokal-Differenzierung

Ebenfalls ist Felix auch bei der Vokal-Graphem-Zuordnung deutlich verunsichert, da er manche Vokale beim Sprechen nicht klar artikuliert und unterscheidet. Zusätzlich kann es für Schriftsprachlerner verwirrend sein, dass bei geschlossenen bzw. langen, z. B. „*o:*" in „*Ofen*" oder „*e:*" in „*beten*", gegenüber offenen bzw. kurzen Vokalen z. B. „*o*" in „*offen*" oder „*e*" in „*Betten*", keine unterschiedlichen Grapheme verwendet werden, obwohl doch eine lautliche Abweichung zu hören ist (Vokaloppositionen). Wenn dieses Phänomen im didaktischen Konzept der Lehrmethoden und Lehrwerke erst zu einem späteren Zeitpunkt im Rechtschreibunterricht berücksichtigt wird, kann hier eine weitere Lernbarriere entstehen. Den Kindern wird damit die Möglichkeit genommen, sich auf ihren Höreindruck zu verlassen (Daum / Stitzinger 2010).

Umstellungsprozesse

Überdies zeigt Felix Probleme in der zeitlichen Ordnung mancher Laut- und Silbenfolgen. Im Fallbeispiel offenbart sich der in der Lautsprache noch nicht überwundene phonologische Prozess im Wort „*Spaghetti*" (Abb. 15). Dabei stellt er Phoneme in Silbenstrukturen vor allem bei mehrsilbigen Wörtern um.

Rückgriff auf gestörtes phonologisches System

Wie das Fallbeispiel zeigt, greifen Lernende im Schriftspracherwerb auf ihre phonologischen Grundlagen zurück und nutzen diese zur Verschriftung. Altersgerecht entwickelte sprachliche Fähigkeiten ermöglichen eine korrekte Übertragung in die Schrift. Ist das phonologische System eines Kindes jedoch gestört, können sich Schwierigkeiten beim Lesen und Schreiben ergeben (Daum / Stitzinger 2010).

überwundene phonologische Aussprachestörungen

Allgemein werden unsichere phonologische Prozesse häufig beim Schreiben übertragen (Jahn 2006; Schnitzler 2015). Selbst bei unauffälliger Artikulation eines Kindes – wenn die Symptomatik in der gesprochenen Sprache bereits überwunden wurde (überwundene phonologische Aussprachestörungen) – können phonologische Verarbeitungsprobleme unter der hörbaren Sprachoberfläche weiter bestehen bleiben (Schnitzler 2015). Diese oberflächlich überwundenen, aber weiterhin innersprachlich existierenden Verarbeitungsschwierigkeiten können sich als Symptom im Schriftsprachprozess bis in das Jugend- und Erwachsenenalter abzeichnen.

phonetische Aussprachestörungen

Hingegen beeinträchtigen unsichere phonetische Prozesse (Kap. 3.2) weniger die Schriftsprachproduktion (Osburg 2000), da sich eine phonetische Störung als Sprechstörung im Gegensatz zu einer phonologischen Störung als Sprachstörung weniger auf die Verarbeitung im Sprachsystem auswirkt. Deshalb zeigt Felix bei der Verschriftung des Phones „*ch*" wie in „*Licht*" und „*Michi*" keine Übertragung seiner phonetischen Aussprachestörung und schreibt nicht, wie er es vorliest, etwa <*List*> oder <*Misi*>.

Exakte Ermittlung ursächlicher Zusammenhänge!

- Aufgrund der komplexen Laut-Schriftsprach-Bezüge wird ein ursächlicher Zusammenhang zwischen phonologischen Problembereichen und schriftsprachlichen Schwierigkeiten oft nicht richtig erkannt.
- Demzufolge ist bereits im Schuleingangsbereich eine genaue Bestimmung möglicher sprachlicher Beeinträchtigungen im Zusammenhang mit dem Schriftsprachlernen bei SchülerInnen im Rahmen der interdisziplinären Kooperation (Kap. 7) erforderlich.
- So können hemmende Lernbarrieren schon im Vorfeld abgebaut und weitgehend vermieden werden.

Crämer, C., Schuhmann, G. (2002): Schriftsprache. In: Baumgartner, S., Füssenich, I. (Hrsg.): Sprachtherapie mit Kindern. Ernst Reinhardt, München/Basel, 265–319

Daum, O., Stitzinger, U. (2010): „o oder o?" – zur Sensibilisierung für die Vokalqualität im frühen Schriftsprachlernen. In: Frontzek, G. (Hrsg.): Zur Sprache bringen – Disziplinen im Dialog. Wilke, Hamm, 291–299

Mayer, A. (2016): Lese-Rechtschreibstörungen (LRS). Ursachen, Diagnose und Förderung. Ernst Reinhardt, München/Basel

Reber, K. (2017): Prävention von Lese- und Rechtschreibstörungen im Unterricht. Systematischer Schriftspracherwerb von Anfang an. 2. Aufl. Ernst Reinhardt, München/Basel

4.2 Barrieren im Erwerb mathematischer Einsichten

Sprache der Mathematik als Lerngegenstand

Im Unterschied zum Deutschunterricht wird der Mathematikunterricht von Lehrkräften oft weniger als sprachliches Lernen wahrgenommen. Allerdings bestehen gerade auch in der Mathematik viele Herausforderungen, die sich für SchülerInnen mit sprachlich-kommunikativen Beeinträchtigungen als Lernbarrieren erweisen können. Lernende müssen sich nämlich für den Erwerb mathematischer Einsichten mit einem besonderen sprachlichen Regelsystem auseinandersetzen, das sich von der Alltagssprache unterscheidet.

Mathematik als Fachsprache

Die Fachsprache der Mathematik ist mit einer Fremdsprache zu vergleichen, die neu erlernt werden muss. Die verwendeten Begriffe, Formulierungen, Ziffern und Zeichen sind selten direkt aus dem Alltag übertragbar oder von der äußeren Form abzuleiten.

Funktion der mathematischen Sprache

Die Mathematik bedarf einer spezifischen Sprache, mit der Zusammenhänge auf der Grundlage der mathematischen Logik beschrieben werden können (Abb. 16). Sie dient der Konstruktion und Untersuchung abstrakter Muster und Strukturen (Schülke / Söbbecke 2010). Damit ist es möglich, die konkret wahrnehmbare Wirklichkeit auf der Ebene theoretischer Gesetzmäßigkeiten zu verallgemeinern und grundsätzlich gültige Aussagen über Gegebenheiten und Relationen von Objekten zu erfassen (Kleinert 2004).

Abb. 16: Fachsprache der Mathematik und Alltagssprache

In der schulischen Praxis ist dabei häufig zu beobachten, dass die Vorstellungen und sprachlichen Ausdrücke der Kinder in mathematischen Zusammenhängen von den in der Mathematik definierten Fachbegriffen abweichen. Dementsprechend können die besonderen Strukturen der mathematischen Sprache für SchülerInnen mit Sprachbeeinträchtigungen eine außerordentliche Erschwernis im Erschließen von Rechenaufgaben darstellen (Stitzinger/ Bechstein 2013).

ursächlicher Zusammenhang zu Sprachbeeinträchtigungen

Diese Schwierigkeiten der Kinder werden jedoch von den Lehrkräften nicht immer ursächlich auf sprachlich-kommunikative Barrieren zurückgeführt. Dadurch besteht die Gefahr, dass fälschlich mathematische Lernprozessstörungen angenommen werden, die aber letztlich im Zusammenhang mit Sprachbeeinträchtigungen stehen (Ortner 2006).

Auf den Punkt gebracht!

- Vermeintlich falsche Rechenwege müssen keinen Zusammenhang zu einer Rechenschwäche haben.
- Eine ungewöhnliche mathematische Bedeutungserschließung des Kindes kann auf kreative sprachliche Ideen zurückgeführt werden.
- Kinder mit sprachlich-kommunikativen Beeinträchtigungen benötigen zum Abbau der Lernbarriere eine sprachliche Unterstützung für die Übersetzung der Alltagssprache in die mathematische Sprache (Abb. 17).
- Kinder mit Sprachbeeinträchtigungen können oft hohe mathematische Verarbeitungsfähigkeiten aufbauen.

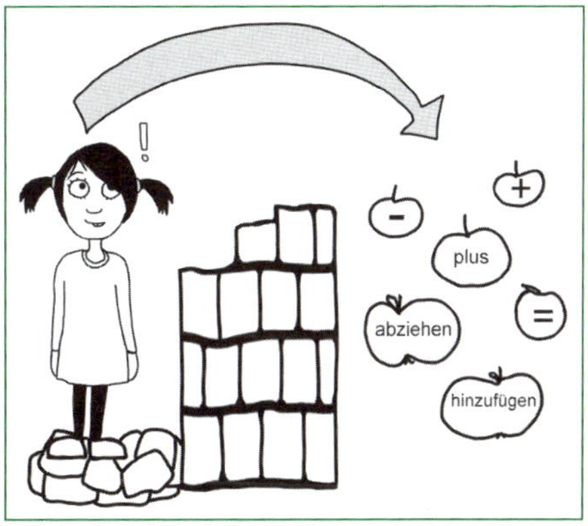

Abb. 17: Abbau sprachlich-kommunikativer Lernbarrieren im Erwerb mathematischer Einsichten

Semantisch-lexikalische Verunsicherungen

Das folgende Fallbeispiel aus dem Mathematikunterricht einer 3. Klasse veranschaulicht die Verunsicherungen der Schülerin Sarah bei der Ausführung von Rechenaufgaben im Zusammenhang mit semantisch-lexikalischen Störungen (Kap. 3.2).

Sarah arbeitet selbständig an mathematischen Lernstationen. Die SchülerInnen der Lerngruppe haben dazu bereits in den ersten Schuljahren vielfältige Methoden erworben. Das kommt Sarah zugute, die sich schnell konkretes Handlungsmaterial bereit-

1.) Füge zu 37 die Zahl 65 hinzu.
2.) Vermehre die Zahl 18 um 47.
3.) Vermindere die Zahl 77 um 32.
4.) Bilde die Differenz aus 51 und 22.
5.) Addiere zu 23 die Zahl 86.
6.) Zähle zu 69 die Zahl 42 dazu.
7.) Ziehe von 92 die Zahl 39 ab.
8.) Rechne zu 26 die Zahl 54 hinzu.

Abb. 18: Arbeitsblatt zur Addition und Subtraktion im zwei- bis dreistelligen Bereich

legt, um die mathematischen Aufgaben besser lösen zu können. Im Rahmen eines Aufgabenpaketes auf einem Arbeitsblatt (Abb. 18) versucht sie, Lösungen zur Addition und Subtraktion im zwei- bis dreistelligen Bereich zu erarbeiten. Dabei zeigt sie allerdings große Schwierigkeiten, die unterschiedlichen Bezeichnungen für Plus- und Minus-Aufgaben auf dem Arbeitsblatt korrekt anzuwenden. Sie hat die Wörter *„füge"*, *„vermehre"*, *„vermindere"* und *„Differenz"* schon einmal gehört, weiß aber nicht mehr exakt, was diese bedeuten. Erkennbar verunsichert legt Sarah die Hunderterplatten, die Zehnerstangen und die Einerwürfel mehrmals in veränderter Anordnung vor sich. *„Heißt denn ‚zu' immer, da kommt etwas ‚dazu'?"*, fragt sie sich zusätzlich prüfend. Zum Schluss gibt es noch die Anweisung, *„gerade"* und *„ungerade"* Lösungszahlen zu bestimmen sowie diese nach der *„Größe"* zu sortieren. Doch Sarah schafft diese letzten beiden Arbeitsschritte nicht mehr innerhalb der vorgegebenen Zeit der Unterrichtsstunde, obwohl sie sich der Aufgabenstellung intensiv widmete.

Verknüpfung von Lexik und Semantik

In dem Fallbeispiel wird ersichtlich, dass Sarah intensiv damit beschäftigt ist, die vielfältigen Begrifflichkeiten für das Addieren und das Subtrahieren aus den Rechenanweisungen des Arbeitsblattes zu entschlüsseln. Dazu muss sie verschiedene miteinander verbundene Leistungen erbringen. Zunächst sind die Wörter korrekt zu erlesen und mit dem eigenen Wortschatz (mentales Lexikon, Lexik) abzugleichen. Daraufhin müssen die Wörter mit Bedeutungen (semantische Strukturen, Semantik) verknüpft werden. Erst in der stimmigen Verbindung von Wortschatz und Bedeutungsgehalt können Begriffe richtig erschlossen und verwendet werden.

Problem der Synonym-Vielfalt

Semantisch-lexikalische Verknüpfungen beziehen sich in dem Fallbeispiel nicht nur auf die im Unterricht typischen Begriffe *„plus"* und *„minus"* bzw. *„addieren"* und *„subtrahieren"*, sondern vielmehr auf Begriffe der Alltagssprache (Abb. 18). Die Lehrkraft beabsichtigt damit, mathematische Einsichten – im Gegensatz zum mechanischen Rechnen – auch im sprachlichen Kontext alltäglicher Situationen zu fördern. Beispielsweise sind *„vermehren"* und *„vermindern"* Bezeichnungen der Alltagssprache und als bedeutungsgleiche Wörter (Synonyme) zu *„addieren"* bzw. *„subtrahieren"* zu verstehen. Tatsächlich werden diese Ausdrücke aber von Kindern außerhalb des Mathematikunterrichts wenig gebraucht und sind damit von Sarah nur mit Mühe abzurufen oder herzuleiten.

Letztlich haben zwar im Allgemeinen viele mathematische Begriffe ihren Ursprung in der Alltagssprache, doch treten diese Begriffe nur selten mit

Diskrepanz zwischen Alltags- und Fachbegriff

der gleichen Bedeutung und im gleichen Sinnzusammenhang auf. Die Diskrepanz zwischen den verschiedenen Bedeutungen kann bei Kindern zu falschen Bedeutungsübertragungen führen. Dabei erschwert das kindlich eingeordnete alltagssprachliche Vorwissen den mathematisch korrekten Begriffsaufbau (Maier 2006). So bedeutet eine „*gerade*“ Zahl im mathematischen Sinne nicht eine „*kurvenlose*“ Ziffer sondern die gleichmächtige Teilbarkeit in „*ganze*“ Zahlen. Ferner verweist eine „*größere*“ Zahl in der rechnerischen Operation nicht auf eine Großschreibung der Ziffer sondern auf eine „*höhere*“ Mächtigkeit. In dieser Hinsicht ergibt sich die komplexe Schwierigkeit, dass erstens ein fachspezifischer Wortschatz erworben werden muss und dass zweitens zwischen der Alltags- und der Fachbedeutung zu unterscheiden ist (Maier 2006; Stitzinger/Sallat 2016).

Bedeutungsveränderungen durch Wortzusammensetzungen

Darüber hinaus besteht die Erschwernis, wenn Alltagsbegriffe durch Zusammensetzungen einen anderen Bedeutungsgehalt erlangen. So sind etwa die Handlungsverben „*zählen*“, „*ziehen*“ und „*rechnen*“ durchaus im gewöhnlichen Kontext der Kindersprache einerseits vorzufinden. Andererseits verändern diese Wörter mit der Hinzufügung von Wortteilen wie z.B. „*hinzu*“, „*dazu*“ und „*ab*“ ihre Bedeutung. Der Bedeutungswechsel wird aber vermutlich von Sarah nicht sofort erkannt, da die Verbteile im Satz als Satzklammer in einer Distanzstellung zueinander stehen: „*Ziehe von … ab*“ (Abb. 18). So kann die bildhafte Vorstellung des isolierten Wortstammes „*ziehen*“ in der Tat die Frage aufwerfen, was denn hier eigentlich „*gezogen*“ wird (Stitzinger/Bechstein 2013).

Syntaktische Transferprobleme

Auch im nächsten Fallbeispiel strebt die Lehrkraft an, die Lerngruppe im Mathematikunterricht eines 4. Schuljahres im Transferdenken zu fördern. Deshalb sollen die SchülerInnen aus Textangaben mathematische Terme ableiten. Wiederum zeigt sich jedoch, dass nicht die rechnerische Durchdringung das eigentliche Problem darstellt, sondern die Sprachbeeinträchtigung des Kindes ausschlaggebend für den Leistungsabfall ist. In diesem Fall wirken sich vornehmlich syntaktische Störungen (Kap. 3.2) hinderlich aus.

Ben bearbeitet mit den Kindern seiner Klasse Zahlenrätsel in Form von Textaufgaben aus dem Rechenbuch (Abb. 19). Bei der Bewältigung der Rechenaufgaben muss Ben lange überlegen. Wiederholt liest er sich die jeweiligen Aufgabenstellungen laut

Zahlenrätsel

a) Von 100 ziehst du 6 mal 11 ab, dann kommst du auf die richtige Zahl.

b) Du erhältst die richtige Zahl, wenn du 12 mal 3 zu 100 hinzufügst.

c) Wenn du von 100 das Dreifache von 22 wegnimmst, dann hast du die richtige Zahl.

d) 99 wird von 50 mal 2 abgezogen, um die richtige Zahl zu bekommen.

Abb. 19: Zahlenrätsel in Textaufgaben aus dem Rechenbuch

vor. Hierzu unterstützt die Lehrkraft beim Lesen. Ben notiert aus den Texten die Zahlenangaben und versucht dann, mögliche Rechenoperationen daraus abzuleiten. Die Logik seiner Rechenschritte entspricht allerdings oft nicht den inhaltlichen Vorgaben der Aufgaben. Beispielsweise folgert Ben aus der schriftlichen Anweisung *„Von 100 ziehst du 6 mal 11 ab"* die Lösung *„100 – 6 x 11 = 1034"*. Der Lehrer wundert sich, warum Ben einerseits einen falschen Rechenweg einschlägt, aber dennoch imstande ist, eine noch nicht vorgesehene schwierige Multiplikation auszurechnen.

strenge mathematische Syntax

Ben findet in dem Fallbeispiel textgebundene Rechenaufgaben vor, die trotz motivierender Zahlenrätsel mehrere problematische Formulierungen aufweisen (Abb. 19). Im Aufgabenbeispiel *„Von 100 ziehst du 6 mal 11 ab"* zielen einzig die Rechenschritte *„6 x 11 = 66 bzw. 11 x 6 = 66; 100 – 66 = 34"* auf die richtige Lösung. So muss die mathematische Syntax klar definierte Rechenregeln einhalten, da Verstöße gegen diese Vereinbarungen unweigerlich zu fehlerhaften Rechenergebnissen führen. Allgemein kann gesagt werden, dass mathematische Texte und Aussagen eine strengere Logik im Vergleich zum alltäglichen Sprachgebrauch aufweisen (Schülke / Söbbeke 2010).

Unterschiede mathematischer und schriftsprachlicher Syntax

Ben konstruiert den Rechenweg *„Von 100 ziehe ich 6 ab und nehme das Ergebnis mal 11"*. Er orientiert sich dabei nicht an den Regeln der mathematischen Syntax, sondern an der Lese- und Schreibrichtung der vorliegenden schriftsprachlichen Aussage. Diese Strategie belegt zwar, dass er durchaus überdurchschnittlich zu rechnen vermag, aber dennoch an der geforderten Aufgabe aufgrund sprachlicher Übertragungsprobleme scheitert.

erschwerte Nebensatzstrukturen

Eine weitere Schwierigkeit liegt in den Nebensatzstrukturen der Zahlenrätsel vor (Abb. 19). Dazu muss Ben viel Energie aufwenden, um die Formulierungen mit *„wenn – dann"* zu entschlüsseln, denn die Verarbeitung von Nebensatzgefügen bereitet Kindern mit grammatischen Störungen im mathematischen Kontext besonders häufig Probleme (Stitzinger / Bechstein 2013). Zudem wird das Schema des vorangestellten Hauptsatzes mit dem nachgestellten Nebensatz nicht konsequent eingehalten, sondern bei der zweiten Aufgabe völlig umgestellt (Abb. 19).

Schließlich können auch Passivsätze, Verschachtelungen von Aussagen sowie syntaktische Umstellungen durch Voranstellung eines Satzteiles (Topikalisierungen) bei Textaufgaben das Sprachverständnis der SchülerInnen erheblich beeinflussen (Stitzinger/Bechstein 2013). Hierbei müssen sich Kinder mit morpho-syntaktischen Störungen mehr mit der reinen sprachlichen Bearbeitung als mit der Vertiefung mathematischer Einsichten beschäftigen.

Passivsätze, Verschachtelungen und Topikalisierungen als Erschwernis

Phonetisch-phonologische Erschwernisse

Im dritten Beispiel aus dem Mathematikunterricht, diesmal aus einer 1. Klasse gegen Ende des Schuljahres, sind phonetische und phonologische Störungen (Kap. 3.2) als Ursache für Verständigungsprobleme zwischen zwei Kindern zu identifizieren.

Tamara sitzt mit ihrer Mitschülerin an einer Partneraufgabe zur Bestimmung von zweistelligen Zahlen vor der Hundertertafel (Abb. 20). Abwechselnd geben sich die Mädchen gegenseitig die Anweisung, bestimmte Zahlen auf der Blankotafel (ohne Ziffern) zu markieren. Bei den Zahlen mit *„-zehn"* und *„-zig"* gerät Tamara ständig durcheinander. Beispielsweise benennt sie *„fünfundachtzehn"* für die Zahl *85*. Danach tippt sie bei der von ihrer Mitschülerin genannten Zahl *„sechzehn"* auf das Feld der Zahl *60*. Dabei geraten die beiden Schülerinnen in eine heftige Diskussion, wer denn nun Recht hätte. Daneben fällt auf, dass Tamara die Ziffern *2*, *6* und *10* als *„swei"*, *„ses"* und *„sen"* ausspricht, was wiederum die Verständigung zwischen den beiden Mädchen nicht vereinfacht. Schließlich greift die Lehrerin unterstützend ein, um das vorliegende Konfliktpotenzial zu minimieren.

Abb. 20: Arbeit an der Hundertertafel

Im Fallbeispiel machen sich Auffälligkeiten der Aussprache bei Tamara bemerkbar. So ist bei *2*, *6* und *10* festzustellen, dass Tamara die entsprechenden Lautverbindungen *„ts"* und *„ks"* vereinfacht und lediglich als *„s"* ausspricht. Diese Auffälligkeiten sind sowohl auf phonetische als auch auf phonologi-

phonetische Aussprachestörung

sche Störungsbereiche zurückzuführen. Dabei wirken sich Tamaras phonetische Schwierigkeiten (Kap. 3.2) im Kontext der Mathematik vor allem auf die Artikulation von Ziffern aus.

erschwerte Verständigung und sprachliche Außenwirkung

Obwohl phonetische Störungen weniger die schriftsprachliche Übertragung gefährden (Kap. 4.1), haben diese Störungen jedoch Einfluss auf die mündliche Verständigung sowie auf die persönliche sprachliche Außenwirkung. Dabei können Konflikte zwischen KommunikationspartnerInnen entstehen oder die Selbstsicherheit der betroffenen Person stark in Mitleidenschaft geraten (Stitzinger / Bechstein 2013).

erschwerte Bedeutungszuordnung

Neben phonetischen Störungen beeinflussen jedoch hauptsächlich phonologische Prozesse (Kap. 3.2) Tamaras mathematische Zuordnungsmöglichkeiten. Sie spricht zweistellige Zahlen mit „*-zehn*" und „*-zig*" nicht nur phonetisch unsicher aus, sondern kann auch den bedeutungstragenden Unterschied der Wortteile nicht immer im exakten mathematischen Gehalt erfassen. Somit verwechselt sie häufig das entsprechende Zahlenmaterial und kommt nicht zu korrekten Rechenergebnissen. Dieses Problem kann sich zudem ungünstig auf die Partnerarbeit auswirken.

Exakte Ermittlung ursächlicher Zusammenhänge!

- Auffällige Symptome in mathematischen Leistungen müssen zusätzlich auf mögliche Störungen eines Kindes im Bereich der Sprache und des Sprechens ursächlich zurückverfolgt werden.
- Dazu ist durch eine frühzeitige Beobachtung und Diagnose möglicher sprachlicher Einflussfaktoren die jeweilige Beeinträchtigungs-Barriere-Situation zu ermitteln und fortlaufend zu begleiten.
- Die interdisziplinäre Kooperation zwischen Regelschullehrkräften, Lehrkräften für Sonderpädagogik, sprachtherapeutisch bzw. logopädisch tätigen Fachkräften und weiteren Fachpersonen (Kap. 7) kann hierzu ein für alle gewinnbringendes Lehr-Lern-Netzwerk bilden.

Berg, M. (2015): Grammatikverständnis und mathematische Fähigkeiten sprachbehinderter Kinder. Sprache Stimme Gehör 39 (2), 76–80

Mayer, A. (2016): Sprachliche Lernbarrieren beim Erwerb mathematischer Kompetenzen. In: Stitzinger, U., Sallat, S., Lüdtke, U. (Hrsg.) (2016): Sprachheilpädagogik aktuell. Beiträge für Schule, Kindergarten, therapeutische Praxis. Bd. 2: Sprache und Inklusion als Chance?! Expertise und Innovation für Kita, Schule und Praxis. Schulz-Kirchner, Idstein, 269–277

Nolte, M. (2000): Rechenschwächen und gestörte Sprachrezeption. Beeinträchtigte Lernprozesse im Mathematikunterricht und in der Einzelbeobachtung. Klinkhardt, Bad Heilbrunn

Schröder, A., Ritterfeld, U. (2014): Zur Bedeutung sprachlicher Barrieren im Mathematikunterricht der Primarstufe: Wissenschaftlicher Erkenntnisstand und Reflexion in der (Förder-)Schulpraxis. Forschung Sprache 2 (1), 49–69

Stitzinger, U. (2013): Mit Sprache ist zu rechnen – Sprachdidaktische Aspekte im Mathematikunterricht. In: Rosenberger, K. (Hrsg.): Sprache rechnet sich. Medium Sprache in allen Lernbereichen. Sprachheilpädagogik: Wissenschaft und Praxis, Bd. 5. Lernen mit Pfiff, Wien, 89–97

5 Grundlagen der Sprachdidaktik

Auf der Basis von Kenntnissen über sprachlich-kommunikative Beeinträchtigungen bei Schulkindern (Kap. 3) und über entsprechende Auswirkungen auf das unterrichtliche Lernen (Kap. 4) wenden wir uns nun im fünften Kapitel spezifischen sprachdidaktischen Überlegungen zu. Als Lehrkraft in der inklusiven Schule möchten Sie vermutlich wissen, wie Unterricht geplant werden kann, der besonders sprachlich-kommunikative Fähigkeiten der SchülerInnen fördert und Lernschwierigkeiten aufgrund von Beeinträchtigungen im Bereich der Sprache und Kommunikation abbaut. Dazu stellen sich zwei zentrale Fragen, was das Besondere bei der Unterrichtsplanung im Unterstützungsschwerpunkt Sprache und Kommunikation ist:

- Was ist das Sprachdidaktische Dreieck und welche Hilfe bietet es bei der Unterrichtsplanung? (Kap. 5.1)
- Welche besonderen Punkte sind bei einer sprachspezifischen Unterrichtsplanung zu berücksichtigen? (Kap. 5.2)

5.1 Sprachdidaktisches Dreieck

Betrachten wir zunächst die herkömmliche Unterrichtsplanung der Klassenlehrerin Frau Mahler (Kap. 1) für ihre Klasse.

Frau Mahler wählt als erfahrene Lehrperson auf Grundlage ihres Fachwissens und ihrer Einschätzung hinsichtlich der Lerngruppe die Unterrichtsthemen und -inhalte aus, die ihr geeignet erscheinen, um damit das Interesse und die Neugier ihrer SchülerInnen anzusprechen. Dazu bereitet sie den Unterrichtsstoff mit bewährten Methoden und Materialien auf. Außerdem macht sich die Lehrerin Gedanken, wie sie eine positive Beziehung zur Lerngruppe aufbauen und Unterrichtsstörungen vermeiden kann. Damit erhofft sie sich, dass die Kinder erfolgreich in den Lernprozess einsteigen und ihre Kompetenzen erweitern.

Mit der Vorstellung einer wechselseitigen Beeinflussung zwischen Unterrichtsinhalt, Lerngruppe und LehrerIn in der Unterrichtsplanung wird Frau Mahler der Klasse im Allgemeinen gerecht. Frau Mahler orientiert sich am so genannten klassischen „Didaktischen Dreieck“ (Abb. 21).

klassisches „Didaktisches Dreieck“

Das **Didaktische Dreieck** dient als Veranschaulichung der wesentlichen Unterrichtskomponenten, nämlich der *Lerngegenstand*, die *SchülerInnen* und die *Lehrperson*. Diese drei Komponenten stehen in einer Wechselwirkung zueinander und sind bei der Unterrichtsplanung zu berücksichtigen (Bönsch 2006).

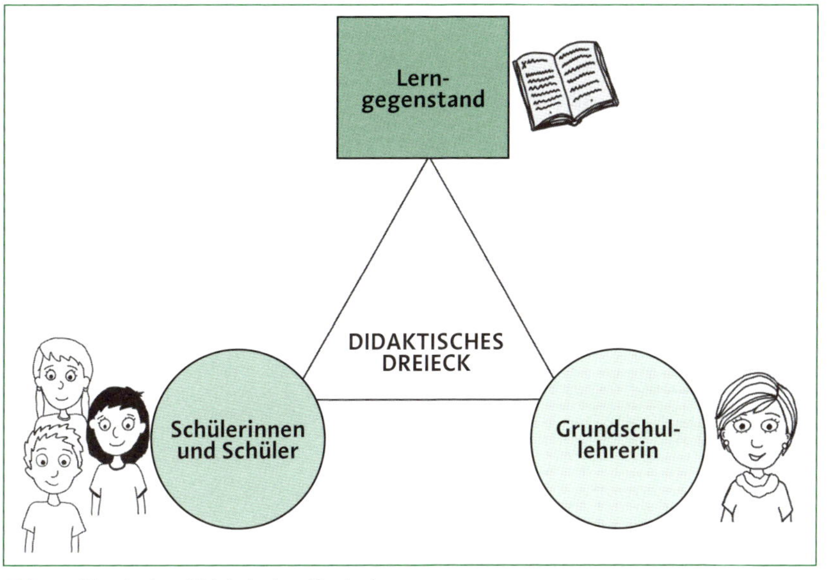

Abb. 21: Klassisches Didaktisches Dreieck

Im Kontext des inklusiven Unterrichtens von SchülerInnen mit heterogenen Ausgangslagen, u. a. mit unterschiedlichen sprachlich-kommunikativen Verarbeitungs- und Äußerungsfähigkeiten wie z. B. bei Sarah (Kap. 1), muss jedoch das klassische Modell (Abb. 21) nun als „Sprachdidaktisches Dreieck für inklusiven Unterricht“ (nach Lüdtke 2012b, 2010b; Lüdtke / Stitzinger 2015) erweitert sowie dynamisch und individualisiert verstanden werden (Abb. 22). Dazu wird Frau Mahler von der Sonderpädagogin Frau Hoffmann (Kap. 1) unterstützt, um den Unterricht inklusiv auszurichten. Beispielsweise machen

dynamisches und individualisiertes Verständnis

sich die beiden Lehrerinnen zu einer Mathematikstunde im Hinblick auf Sarah nachfolgende Gedanken.

Frau Mahler ist bekannt, dass **Sarah** große Schwierigkeiten zeigt, sich neue Wörter zu merken und diese korrekt anzuwenden (Kap. 3.2). Auf dem Arbeitsblatt mit Additions- und Subtraktionsaufgaben, das Frau Mahler von einer Internetplattform für die Mathematikstunde herunterlädt, findet sie verschiedene Bezeichnungen für Rechenaufgaben: z. B. „*vermehren*“ und „*hinzufügen*“ oder „*vermindern*“ und „*abziehen*“ (Kap. 4.2). Hierzu vermutet Frau Mahler, dass Sarah die Aufgaben nicht lösen kann. Die Lehrerin markiert deshalb für Sarah zur Erleichterung auf dem Arbeitsblatt alle Wörter für Additions- und Subtraktionsaufgaben mit einem Plus- bzw. Minuszeichen. Zusätzlich schlägt die **Sonderpädagogin** vor, die verschiedenen Bezeichnungen für Plus- und Minusrechnungen als Thema in einer Kleingruppe parallel zum Unterricht zu erarbeiten. Dabei soll mit den SchülerInnen ein Plakat mit neu entdeckten Wörtern gestaltet und später in der Klasse aufgehängt werden.

Blick auf Sprache und Kommunikation

Die Lehrkräfte planen nun den Unterricht nicht nur aus klassischer pädagogischer und fachdidaktischer Sicht, sondern stellen sich ergänzend folgende sprachdidaktische Fragen:

- Welche Anknüpfungsmöglichkeiten bietet der *Lerngegenstand* zur sprachlich-kommunikativen Förderung und welche Erschwernisse sind vom Inhalt in Bezug auf Sprache und Kommunikation zu erwarten? Welche Methoden und Materialien helfen den Kindern, den Lernstoff sprachlich aufzunehmen und zu verarbeiten? Wie können die Kinder ihre Sprache beim Lernen am besten nutzen?
- Welche sprachlich-kommunikativen Fähigkeiten und Schwierigkeiten zeigen die *SchülerInnen* im Unterricht?
- Wie können sich die *Lehrpersonen* einzeln oder im Team im Unterricht einbringen, um die Lerngruppe bei sprachlichen Lernprozessen effektiv zu unterstützen?

„Sprachdidaktisches Dreieck“

Das Grundschulteam orientiert sich damit am Modell des „Sprachdidaktischen Dreiecks für inklusiven Unterricht“ (nach Lüdtke 2012b, 2010b; Lüdtke/Stitzinger 2015), mit dem über das klassische Modell hinaus grundlegend spezifische sprachdidaktische Situationen geplant, beschrieben und reflektiert werden können. In der dynamischen Erweiterung und Differenzierung der oben aufgezeigten Komponenten zur inklusiven Unterrichtsplanung werden dabei sprach- und kommunikationsspezifische Elemente integriert (Abb. 22).

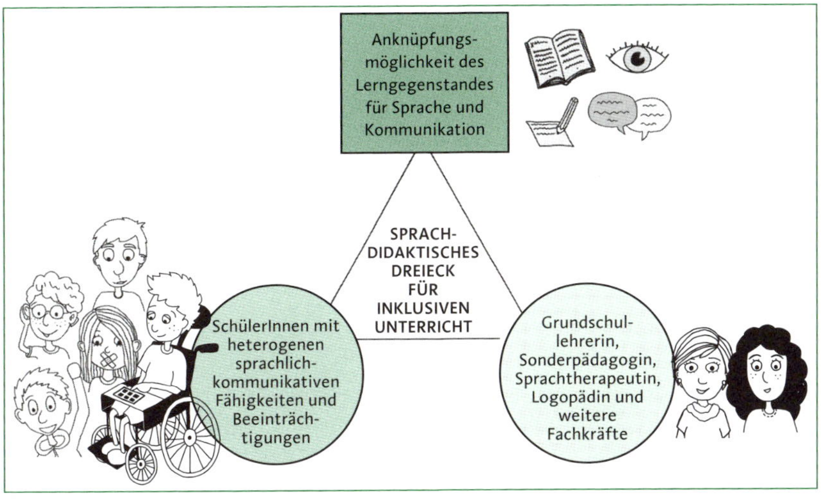

Abb. 22: „Sprachdidaktisches Dreieck für inklusiven Unterricht" (modifiziert nach Lüdtke 2012b, 2010b)

Vorteile des „Sprachdidaktischen Dreiecks für inklusiven Unterricht"

- Sprachlich-kommunikative Planungsaspekte werden besonders herausgestellt.
- Drohende Lernschwierigkeiten aufgrund sprachlich-kommunikativer Beeinträchtigungen werden verdeutlicht.
- Alle SchülerInnen erhalten sprachlich-kommunikative Anregungen.
- Es wird keine „andere" Didaktik herangezogen, sondern die allgemein gültigen didaktischen Bezugspunkte werden aus der Sicht von Sprache und Kommunikation inklusiv erweitert und differenziert.

Lüdtke, U. (2012b): Sprachdidaktiktheorie. In: Braun, O., Lüdtke, U. (Hrsg.): Behinderung, Bildung, Partizipation. Enzyklopädisches Handbuch der Behindertenpädagogik. Bd. 8: Sprache und Kommunikation. Stuttgart: Kohlhammer, S. 449–491

Lüdtke, U., Stitzinger, U. (2015): Pädagogik bei Beeinträchtigungen der Sprache. Ernst Reinhardt, München / Basel

5.2 Unterrichtsplanung

Vermutlich werden Sie bislang ähnlich wie Frau Mahler (Kap. 1) verschiedene Arten und Gewohnheiten der Unterrichtsvorbereitung durchgeführt haben.

Frau Mahler erfuhr im Laufe ihrer Ausbildung und während ihrer Berufspraxis unterschiedliche Möglichkeiten, den Unterricht zu planen. Im Studium und in der Vorbereitungsphase musste sie ausführliche schriftliche Unterrichtsentwürfe anfertigen. Mittlerweile reichen ihr im ständigen Praxisalltag kurze stichpunktartige Skizzen. Manchmal geht sie die Planungselemente nur gedanklich im Kopf durch, wenn sie Unterrichtsthemen bereits mehrmals durchgeführt hat.

„klassische“ Grundelemente der Unterrichtsplanung

Unabhängig davon, in welcher Form der Unterricht vorbereitet wird, unterliegt die Unterrichtsplanung einem klassischen Grundschema mit folgenden zu beantwortenden Fragen:

- Ist die Unterrichtsstunde in einen größeren Zusammenhang, in eine Unterrichtseinheit oder in ein Projekt eingebettet?
- Welche Zielsetzung wird in der Unterrichtsstunde verfolgt?
- Was ist der Lerngegenstand und welche Strukturen enthält der Lerninhalt?

  → Bezug zum *Lerngegenstand*.
- Warum soll die jeweilige Unterrichtsstunde zum entsprechenden Zeitpunkt und mit der jeweiligen Lerngruppe durchgeführt werden?
- Welche Lernbedingungen der SchülerInnen liegen vor, um den Unterrichtsstoff verstehen und bearbeiten zu können?

  → Bezug zu den *SchülerInnen*.
- Wie werden die Unterrichtsinhalte mit welchen Methoden und mit welchen Materialien durch die Lehrkräfte vermittelt?
- Welche Lehrer-Schüler-Aktivitäten sind innerhalb welcher Phasenstruktur geplant?
- Wie können Unterstützungen von anderen Fachkräften für den Unterricht eingeholt werden?

  → Bezug zu den *Lehrpersonen*.

Wahrscheinlich interessieren Sie nun als LeserIn dieses Buches vor allem Aspekte, die für die Spezifizierung eines sprach- und kommunikativ wirksamen Unterrichts von Bedeutung sind. So werden die oben aufgeführten Stichpunkte im Weiteren mit dem Fokus auf die Unterstützung der SchülerInnen im Bereich der Sprache und Kommunikation anhand eines Beispiels im Schema der Unterrichtsplanung konkretisiert (Tab. 2).

Tab. 2: Schema der Unterrichtsplanung

Sprachlich-kommunikative Aspekte des Lerngegenstandes	
Unterrichtseinheit bzw. Projekt: sprachlich-kommunikative Schwerpunkte der Unterrichtseinheit	– 3. Klasse Mathematik – Wiederholung von Addition und Subtraktion mit Zehnerübergang im ZR bis 100 – Transfer zum Lebensalltag – Synonyme zu „addieren" und „subtrahieren"
Zielsetzungen: Lernzuwachs und Abbau von Lernbarrieren im Unterstützungsschwerpunkt Sprache	– Markierungshilfen (+) und (–) an ‚Lernstation 3' erkennen – Markierungen den Wörtern korrekt zuordnen und als Hilfen verwenden – Begriffe „vermindern" und „vermehren" verstehen und einprägen
Struktur des Lerngegenstandes: sprachlich-kommunikative Inhalte des Unterrichtsstoffes	– Wiederholter Einsatz eines Arbeitsblattes an „Lernstation 3" – unterschiedliche Bezeichnungen für Additions- und Subtraktionshandlungen – Bezeichnungen aus der Fachsprache Mathematik: „addieren" und „subtrahieren" – Bezeichnungen aus der Alltagssprache: z. B. „vermehren" und „vermindern" – Bedeutungsveränderung durch Vorsilben: z. B. „abziehen"
Sprachlich-kommunikatives Lernen der SchülerInnen	
Didaktische Legitimation: Bedeutung der Unterrichtsstunde hinsichtlich Sprache und Kommunikation	– modifizierte Aufgabenstellung aufgrund Schwierigkeiten, bei vorhandenem Lerninteresse – Erweiterung und Differenzierung des Wortschatzes im Zusammenhang mit Additions- und Subtraktionsaufgaben – Relevanz für zukünftiges Verständnis im Mathematiklehrgang – Notwendigkeit für die Anwendung des Rechnens im Lebensalltag
Lernbedingungen: sprachlich-kommunikative Fähigkeiten der SchülerIn in Bezug auf den Lerngegenstand	– generelle Schwierigkeiten beim Einprägen und Abrufen von Wörtern – Schwierigkeiten bei der Ableitung der Rechenoperation aus dem Wortangebot – hoher Zeit- und Energiebedarf ohne Hilfestellungen

Fortsetzung von Tabelle 2

Sprachlich-kommunikatives Lehren der Lehrpersonen	
Methoden und Materialien: zum Abbau von Lernbarrieren und für sprachlich-kommunikatives Lernen	– Üben an Lernstationen – Zeit, Methode und Material frei wählbar – Partnerarbeit zum sprachlichen Austausch und Hilfen beim Wortlernen – Markierungen bei Verben mit einem Plus- bzw. einem Minuszeichen – Kennzeichnung der Arbeitsblätter mit einem Bildsymbol als „leicht" – Wortkarten: „vermehren" und „vermindern"
Lehrer-Schüler-Interaktionen: zum Abbau von Lernbarrieren und für sprachlich-kommunikatives Lernen	– stummer visueller Impuls: Bildkarte mit Pluszeichen bzw. Minuszeichen – Partnergespräch (Murmelrunde): Wissen aus der Vorstunde und Stundenlernziel – Hinweis auf Quiz mit den Wörtern „vermehren" und „vermindern" – zusätzliches Lehrermodell an Lernstationen – Unterstützung durch Gebärden
Unterstützung durch Fachkräfteteam: Hilfen zur sprachlich-kommunikativen Ausrichtung des Unterrichts	– „Joker-Zusatzstation" mit Sonderpädagogin: Rechengeschichte zu „addieren" und „subtrahieren", Arbeit am Laptop, Plakatausdruck, Bedeutungen von „hinzu" und „ab" durch Gebärden, Farb-Markierungen – Quiz mit den Wörtern „vermehren" und „vermindern" von Kleingruppe an die Klasse

Sprachlich-kommunikative Aspekte des Lerngegenstandes

Die Planungskomponente des Lerngegenstandes beinhaltet die sprachlich-kommunikativen Schwerpunkte der *Unterrichtseinheit*, die *Zielsetzungen* im Unterstützungsschwerpunkt Sprache sowie die sprachlich-kommunikativen Inhalte des *Unterrichtsstoffes*.

Frau Mahler plant eine Mathematikstunde in einer 3. Klasse, in der Additionen und Subtraktionen mit Zehnerübergang im Zahlenraum bis 100 vielfältig an Lernstationen geübt werden sollen. Diese Unterrichtsstunde reiht sich in eine Unterrichtseinheit ein, in der der Unterstützungsschwerpunkt im Bereich der Sprache und der Kommunikation, insbesondere in der Festigung des Wortschatzes, liegt. Dabei stellt Frau Mahler vor allem Verben in den Vordergrund, die der Bedeutung *„zu etwas hinzufügen"* oder *„von etwas abziehen"*

entsprechen. Die Lehrerin will damit erreichen, dass die SchülerInnen in der Verwendung von Additions- und Subtraktionsbezeichnungen im Lebensalltag sicherer werden.

Auf den Punkt gebracht!

Welche sprachlich-kommunikativen Schwerpunkte sind über die Unterrichtsstunde hinaus in einer größeren Lerneinheit vorgesehen?

→ Zusammenhang zu einer Unterrichtseinheit oder zu einem Projekt

Da **Frau Mahler** ein besonderes Augenmerk auf die Schülerin **Sarah** legen möchte, formuliert die Lehrerin auf ihrem Vorbereitungsblock als individuelle Zielsetzung für Sarah: *„Markierungshilfen (+) und (–) an der ‚Lernstation 3' erkennen; Markierungen den Wörtern korrekt zuordnen können; die Hilfen vorteilhaft beim Rechnen verwenden; ‚vermindern' und ‚vermehren' einprägen und die Bedeutung verstehen."*

Auf den Punkt gebracht!

Welche sprachlich-kommunikativen Fähigkeiten sollen SchülerInnen in der Unterrichtsstunde erwerben und welche Erschwernisse bezüglich Sprache und Kommunikation sind zu berücksichtigen?

→ Lernzuwächse und Abbau von Lernbarrieren als Zielsetzung

Für die geplante Mathematikstunde will **Frau Mahler** u.a. an der „Lernstation 3" erneut das Arbeitsblatt einsetzen, mit dem sich die SchülerInnen bereits in der vorangegangenen Unterrichtsstunde beschäftigten (Kap. 4.2). Auf diesem Arbeitsblatt stehen unterschiedliche Bezeichnungen für Additions- und Subtraktionshandlungen (Abb. 18). Die Lehrerin weiß aus der Erfahrung der letzten Stunde, dass diese Handlungsverben den SchülerInnen nur teilweise bekannt sind: Einerseits sind die Begriffe der Fachsprache der Mathematik zuzuordnen wie z.B. *„addieren"* und *„subtrahieren"* und andererseits der Alltagssprache wie z.B. *„vermehren"* und *„vermindern"*. Frau Mahler erkennt nun auch, dass diese Begriffe nicht im Repertoire einiger Kinder abrufbar sind. Außerdem ist ihr mittlerweile bewusst, dass die den SchülerInnen vielleicht bekannten Wortstämme einiger Wörter, z.B. *„ziehen“*, durch die hinzugefügten Vorsilben die Bedeutung verändern, z.B. *„abziehen“* (Kap. 4.2). Frau Mahler plant deshalb insbesondere für die Schülerin **Sarah**, das Arbeitsblatt abzuwandeln und die Komplexität der Anforderungen zu reduzieren.

Auf den Punkt gebracht!

Welche sprachlich-kommunikativen Inhalte und welche entsprechenden Schwierigkeiten beinhaltet der Unterrichtsstoff?

→ Struktur des Lerngegenstandes

Sprachlich-kommunikatives Lernen der SchülerInnen

Unter der Planungskomponente mit Bezug zu den SchülerInnen sind die *Begründung* der sprachlich-kommunikativen Inhalte in der Unterrichtsstunde für die SchülerInnen sowie die *Lernbedingungen* im Bereich Sprache und Kommunikation zusammengefasst.

Sarah zeigte bereits im vorangegangenen Mathematikunterricht große Schwierigkeiten, die Aufgabenstellung an der „Lernstation 3“ korrekt zu bearbeiten. Vor dem Hintergrund Sarahs allgemeinen Lerninteresses entscheidet sich **Frau Mahler**, die Aufgabenstellung in abgewandelter Form noch einmal anzubieten. Damit verspricht sich die Lehrerin, dass Sarah ihren Wortschatz im Zusammenhang mit Additions- und Subtraktionsaufgaben erweitert und differenziert. Zudem stellt Frau Mahler bei der Überprüfung des in der Klasse verwendeten Mathematikbuches fest, dass auch zukünftig ein Problem bei Sarah anstehen könnte, Begriffe korrekt zu verstehen. Letztlich überlegt die Lehrerin, dass eine Unterstützung und Förderung bei mathematischen Handlungsverben generell für die Anwendung des Rechnens im Lebensalltag des Kindes notwendig sein wird.

Auf den Punkt gebracht!

Welche Bedeutung hat die Unterrichtsstunde für SchülerInnen im Bereich der Sprache und Kommunikation?

→ Legitimation des Unterrichts für die SchülerInnen

Sarah ließ bei der vorangegangenen Bearbeitung des Arbeitsblattes der „Lernstation 3“ erkennen, dass sie den Anforderungen zum richtigen Entschlüsseln der Verben nicht gerecht wird. Sie hat insgesamt Schwierigkeiten beim Einprägen und Abrufen von Wörtern (Kap. 3.2). Somit muss sie viel Mühe aufwenden, um aus dem Wortangebot die zutreffende Rechenoperation abzuleiten. Wenn sie keine Hilfen hierzu erhält, kostet es für sie viel Zeit, die ihr dann zum eigentlichen Rechnen fehlt.

Auf den Punkt gebracht!

Welche sprachlich-kommunikativen Fähigkeiten müssen SchülerInnen mitbringen, um den Unterrichtsinhalt verstehen und bearbeiten zu können?

→ Lernbedingungen der SchülerInnen

Sprachlich-kommunikatives Lehren der Lehrpersonen

Die Planungskomponente mit Bezug zu den Lehrkräften gliedert sich in die Planungsaspekte der sprachlich-kommunikativen *Methoden und Materialien* sowie der *Interaktionen* zwischen Lehrkräften und SchülerInnen als auch des Unterrichtens im *Team*.

Frau Mahler plant für die Unterrichtsstunde das Lernen an Stationen. Damit können die SchülerInnen selbst entscheiden, wann sie sich mit welchem Teilthema bzw. mit welcher Methode und welchem Material beschäftigen. Die Lehrerin sieht außerdem vor, dass alle Kinder die Lernstationen in Partnerarbeit durchlaufen, da sie den sprachlichen Austausch der Kinder anregen möchte. Sie weiß auch, dass es für **Sarah** eine Hilfe ist, wenn Sarah von anderen Kindern Wörter erklärt bekommt

(Kap. 3.2). Im Voraus markiert die Lehrerin auf einigen Arbeitsblättern die Verben mit einem Plus- oder einem Minuszeichen und kennzeichnet die Arbeitsblätter mit einem Bildsymbol als *„leicht“*. Die Sonderpädagogin **Frau Hoffmann** bereitet für Sarah zusätzlich zwei Wortkarten mit den Bezeichnungen *„vermehren“* und *„vermindern“* vor, die auf Sarahs Arbeitsplatz gelegt werden.

Auf den Punkt gebracht!

Wie vermitteln die Lehrkräfte die Unterrichtsinhalte, damit sprachlich-kommunikatives Lernen möglich wird und Lernbarrieren im Bereich der Sprache und Kommunikation abgebaut werden können?

→ Methoden und Materialien

Für den Beginn der Stunde setzt **Frau Mahler** wie in jeder Unterrichtsstunde der Einheit durchgängig und ritualisiert einen stummen visuellen Impuls in Form von zwei Bildkarten: eine Karte mit einem großen Pluszeichen und die andere mit einem Minuszeichen. Im Partnergespräch dürfen sich alle Kinder gegenseitig zwei Minuten berichten, was sie bereits darüber aus den Vorstunden wissen und was sie in der jeweiligen Stunde noch lernen möchten. Zusätzlich beabsichtigt die Sonderpädagogin **Frau Hoffmann**, die in der Mathematikstunde im Klassenteam zur Verfügung steht, **Sarah** am Stundenanfang darauf hinzuweisen, dass zum Abschluss der Stunde unter Sarahs Anleitung ein Quiz mit den Wörtern *„vermehren“* und *„vermindern“* stattfinden wird. Frau Hoffmann nimmt sich ferner vor, Sarah während der Arbeit an den Lernstationen genau zu beobachten. Gegebenenfalls wird Frau Hoffmann diese Begriffe im Gespräch mit Sarah häufiger verwenden und diese mit Gebärden unterstützen (Abb. 23).

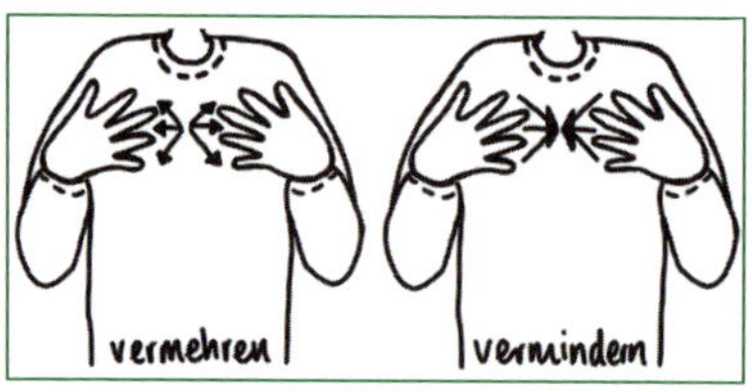

Abb. 23: Gebärden für „vermehren“ und „vermindern“

Auf den Punkt gebracht!

Welche Interaktionen sind in welchen Phasen des Unterrichts geplant, um das sprachlich-kommunikative Lernen der SchülerInnen gezielt zu unterstützen?

→ Lehrer-Schüler-Interaktionen im Unterrichtsverlauf

In jeder Stunde der Unterrichtseinheit plant **Frau Mahler** wiederkehrend „Joker-Karten" ein, die mit unterschiedlichen und motivierenden Alternativaufgaben an jeweils andere Kinder vergeben werden. Eine „Joker-Zusatzstation" wird in dieser Mathematikstunde die Sonderpädagogin **Frau Hoffmann** betreuen. Zu dieser Station werden **Sarah** mit ihrer Lernpartnerin sowie eine weitere Partnergruppe ausgewählt. In der Vierergruppe sollen in einer Rechengeschichte verschiedene Wörter herausgefunden werden, die mit *„addieren"* und *„subtrahieren"* bedeutungsgleich sind. Diese Wörter werden auf dem Laptop auf einer vorbereiteten Seite notiert und später als Plakat für das Klassenzimmer ausgedruckt. Ferner werden die Bedeutungen der Verbteile *„hinzu"* und *„ab"* besprochen bzw. mit Gebärden unterstützt (Abb. 24) und farbig unterstrichen. Am Ende der Stunde soll Sarah zusammen mit der Kleingruppe einen Teil der Rechengeschichte mit den Wörtern *„vermehren"* und *„vermindern"* als Quiz der Klasse vorstellen.

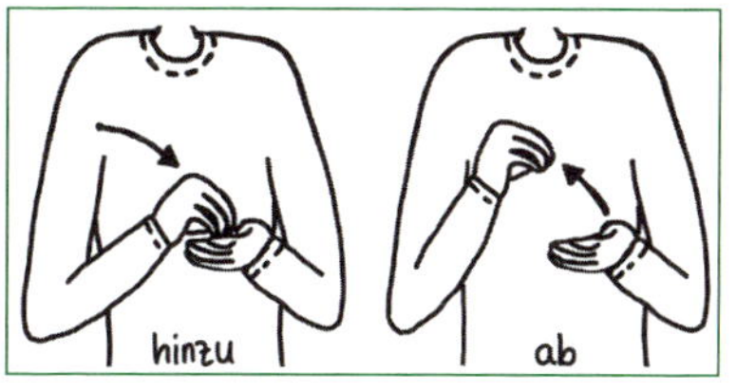

Abb. 24: Gebärden für „hinzu" und „ab"

Auf den Punkt gebracht!

Wie können Hilfen zur sprachlich-kommunikativen Ausrichtung des Unterrichts von anderen Fachpersonen eingeholt werden?

→ Unterstützung durch ein Fachkräfteteam (Kap. 7)

Unterrichtsplanung als Teamaufgabe!

- Eine durchgängige Doppelbesetzung mit einer Grundschullehrkraft und einer Lehrkraft für Sonderpädagogik als gemeinsamer Unterricht in Planung und Durchführung wird nicht immer erreichbar sein.
- Dennoch sollten alle Möglichkeiten ausgeschöpft werden, dass eine Lehrkraft nicht alleine für die Planung eines inklusiven Unterrichts verantwortlich ist. Beispielsweise ist eine wöchentliche gemeinsame Unterrichtsplanung klassenübergreifend im Jahrgangsteam denkbar (Kap. 7).

Lüdtke, U., Stitzinger, U. (2016b): Meine Sprache, deine Sprache, unsere Sprache. Schulische Förderung im ‚Unterstützungsprofil Sprache und Kommunikation' bei spezifischer Sprachentwicklungsstörung im inklusiven Kontext sprachlich-kultureller Diversität. In: Schiefele, C., Menz, M. (Hrsg.): Handlungsorientierte Perspektiven des Förderschwerpunkts Sprache. Abteilungen für die Praxis vom Kind aus gedacht. Schneider Hohengehren, Baltmannsweiler, 57–77

Mußmann, J. (2012): Inklusive Sprachförderung in der Grundschule. Ernst Reinhardt, München / Basel

Reber, K., Schönauer-Schneider, W. (2014): Bausteine sprachheilpädagogischen Unterrichts. 3. Aufl. Ernst Reinhardt, München

Stitzinger, U. (2013b): Unterrichtsspezifische Sprachdidaktik im Förder- und Unterstützungsprofil Sprache und Kommunikation. Praxis Sprache, 58 (3), 145–151

Theisel, A. (2015): Qualitätsmerkmale des Unterrichts mit sprachbeeinträchtigten Kindern. In: Inklusion im Förderschwerpunkt Sprache. In: Grohnfeldt, M.(Hrsg.): Inklusion im Förderschwerpunkt Sprache. Bd. 11. Kohlhammer, Stuttgart

6 Inklusives Unterrichtsprofil Sprache und Kommunikation

Vor dem Hintergrund schulischer Inklusion bemerken wir, dass Unterrichtsmethoden – viel stärker als bisher im traditionellen Regelunterricht praktiziert – auf die unterschiedlichen Förder- und Unterstützungsbedarfe jedes einzelnen Kindes ausgerichtet werden müssen. Deshalb folgen wir in diesem sechsten Kapitel dem großen Interesse von Lehrkräften der Regel- wie auch der Sonderpädagogik nach vielfältigen Impulsen für Methoden, mit denen eine sprachlich-kommunikative Unterstützung und Förderung im Unterricht ermöglicht wird. Dazu werden folgende Überlegungen präzisiert:

- Mit welchen methodischen Elementen können SchülerInnen gezielt auf der Laut-, Wort- und Satzebene im Unterricht gefördert werden? (Kap. 6.1)
- Wie sind Lernumgebungen zu gestalten und Lerngegenstände aufzubereiten, um sprachlich-kommunikative Beeinträchtigungen bei SchülerInnen abzubauen sowie das sprachlich-kommunikative Lernen im Unterricht anzuregen? (Kap. 6.2)
- Welche methodischen Aspekte zur LehrerInnensprache sind im Hinblick auf das Sprachverständnis der SchülerInnen sowie der Unterrichtskommunikation zu beachten? (Kap. 6.3)
- Wie können ein kommunikationsförderndes Milieu und eine sprachliche Kooperation in der Klasse aktiviert und organisiert werden? (Kap. 6.4)
- Mit welchen methodischen Aspekten kann eine sprachlich-emotionale Selbstkompetenz bei den SchülerInnen gefördert werden? (Kap. 6.5)

„Inklusives Unterstützungsprofil Sprache und Kommunikation“

Zur methodischen Umsetzung vorgenannter Überlegungen entwickelten wir das Konzept des „Inklusiven Unterrichtsprofils Sprache und Kommunikation“ (Abb. 25). Dabei handelt es sich nicht um eine additive Sprachförderung zusätzlich zum Unterricht. Vielmehr ist das Ziel, mit spezifischen Interventionen *sprachlich-kommunikative Lernbarrieren abzubauen*, um einen inklusiven Anschluss an Bildungsprozesse für SchülerInnen mit Beeinträchtigungen im Bereich der Sprache und der Kommunikation zu ermöglichen. Ferner zielen die Interventionen auf eine *unterrichtsbasierte Sprach- und Kommunikationsförderung*. Das bedeutet, dass alle Unterrichtsfächer eng mit den sprachlich-kommunikativen Unterstützungs- und Förderschwerpunkten der SchülerInnen verknüpft und angepasst werden müssen (Lüdtke/Stitzinger 2015; Stitzinger 2013b; Stitzinger et al. 2016). Hierbei sind interprofessionelle Kompetenzen bzw. Ressourcen der Lehrenden und der Fachkräfte des gesamten schulisch kooperierenden Netzwerkes angesprochen.

Abb. 25: Abbau sprachlich-kommunikativer Lernbarrieren im Unterrichtsprofil

Die in den nächsten Unterkapiteln dargelegten methodischen Vorschläge des „Inklusiven Unterrichtsprofils Sprache und Kommunikation" werden in fünf Profilbereiche gegliedert (Tab. 3).

Lüdtke, U., Stitzinger, U. (2015): Pädagogik bei Beeinträchtigungen der Sprache. Ernst Reinhardt, München/Basel

Stitzinger, U., Diehl, K., Gäbel, A., Kopp, U. (2016): Sprachlich-kommunikative Unterstützung im inklusiven Unterricht – (Wie) kann das gelingen? In: Stitzinger, U., Sallat, S., Lüdtke, U. (Hrsg.) (2016): Sprachheilpädagogik aktuell. Beiträge für Schule, Kindergarten, therapeutische Praxis. Bd. 2. Sprache und Inklusion als Chance?! Expertise und Innovation für Kita, Schule und Praxis. Schulz-Kirchner, Idstein, 69–81

Tab. 3: Profilbereiche des „Inklusiven Unterrichtsprofils Sprache und Kommunikation"

		PROFILBEREICHE				
		Spezifische Sprachförderung	**Lernumgebungen, Unterrichtsgegenstände**	**Sprache der Lehrkraft**	**Sprachlich-kommunikatives Milieu und Kooperation**	**Beziehungen, emotionale und intersubjektive Kontexte**
METHODEN	**A)**	Mundmotorische Elemente	Räumliche Gliederung des Unterrichts	Inhaltliche Klarheit	Echte Kommunikationssituationen	Anerkennung des individuellen Sprachverhaltens
	B)	Phonematische Handzeichen	Räumliche Gestaltung und Ausstattung	Reduzierung der Sprechfülle und Sprechgeschwindigkeit	Funktionaler Sprachgebrauch	Förderung des sprachlichen Selbstausdrucks
	C)	Lautmalereien	Reduktion von Plenumsphasen	Strukturierung durch Pausen	Förderung des Problemlöseverhaltens der Lernenden	Förderung sprachlicher Selbstkompetenz
	D)	Minimalpaare und phonologische Bewusstheit	Unterrichtsgestaltung mit situativen Stillephasen	Strukturierung durch Intonation, Prosodie und Lautstärke	Kooperative Gesprächsformen	Berücksichtigung der Interessen Lernender
	E)	Einpräg- und Abrufhilfen für Fachbegriffe	Fokussierung verschiedener Verarbeitungskanäle	Fokussierung durch Mimik und Gestik	Lernpatenschaften, Lernnetzwerke, Peers	Affektive Momente im Unterrichtsgegenstand
	F)	Verknüpfung mit Bedeutungen	Strukturierungs- und Orientierungshilfen	Visualisierung sprachstruktureller Merkmale	Team-Teaching und Co-Teaching der Fachkräfte	Rückzugsmöglichkeiten und Safe Places
	G)	Gegenüberstellung grammatischer Formen	Modifikationen von Medien	Sprachliches und kognitives Modellieren	Partizipation der Lernenden und deren Bezugspersonen	Peer-Interaktion im sprachlich-kulturellen Matching
	H)	Wortstellungsmuster im Satz	Zeitliche Individualisierungen	Konkretisierung durch Bilder, Gegenstände und Handlungen	Netzwerkgestaltung in Schule und Umfeld	Wertschätzung und Einbezug sprachlich-kultureller Vielfalt

6.1 Spezifische Sprachförderung

Ein wesentlicher Bereich des „Inklusiven Unterrichtsprofils Sprache und Kommunikation“ umfasst die spezifische Förderung von Kindern im Unterricht auf den sprachlichen Ebenen der Aussprache und Lautwahrnehmung (phonetisch-phonologische Ebene), des Wortschatzes und der Wortbedeutungen (semantisch-lexikalische Ebene) sowie der Wort- und Satzgrammatik (morphologisch-syntaktische Ebene). Während sich die Förder*ziele* auf die Unterstützungsbedarfe der Kinder innerhalb der vorgenannten sprachlichen Ebenen beziehen, ergeben sich die Förder*inhalte* immer aus den jeweiligen Lerngegenständen des Unterrichts. Die schulische Sprach- und Kommunikationsförderung ist also stets auf den Bildungsprozess bezogen und nicht losgelöst vom Unterricht zu verstehen.

Gestuftes Interventionssystem für sprachlich-kommunikative Unterstützung im Rahmen der interdisziplinären Zusammenarbeit von Fachkräften in der Schule:

- Die Grundschullehrkraft nimmt im Unterricht einzelne Elemente der Sprach- und Kommunikationsförderung im Sinne einer *präventiven* Intervention auf, z.B. Lautmalereien.
- Die Lehrkraft für Sonderpädagogik unterstützt die GrundschullehrerIn im Rahmen der Vor- und Nachbereitung des Unterrichts sowie verschiedener Formen des Team-Teachings im Sinne einer gezielten förderpädagogischen Intervention, z.B. Minimalpaarangebote.
- Die LogopädIn bzw. SprachtherapeutIn gibt dem Kind in der Anbindung an jeweils aktuelle Lerngegenstände während oder außerhalb des Unterrichts Hilfestellungen zur Behebung oder Kompensation von sprachlich-kommunikativen Beeinträchtigungen im Sinne einer therapeutischen Intervention, z.B. Anbahnung eines noch nicht vom Kind erworbenen Lautes im Zuge der Phonem-Graphem-Zuordnung.

In den nachfolgenden Ausführungen konkretisieren wir den Profilbereich zur spezifischen Sprachförderung im Unterricht anhand beispielhafter Tipps.

A) Mundmotorische Elemente

Spiele und Übungen zur Luftzentrierung, Lippenspannung und Zungenbeweglichkeit

Zielgruppe:

Kinder mit phonetischen Störungen insbesondere mit

- Schwierigkeiten bei der Luftzentrierung
- Schwierigkeiten bei der Lippenspannung
- Schwierigkeiten bei der Zungenbeweglichkeit

Förderziel:

- Förderung der Luftzentrierung zur besseren Aussprache der Zischlaute „*s*“ und „*sch*“ (Sibilanten) sowie der Reibelaute „*f*“ und „*w*“, (Frikative)
- Förderung der Lippenspannung zur besseren Aussprache der Verschlusslaute „*p*“ und „*b*“ (Explosivlaute)
- Förderung der Zungenbeweglichkeit zur besseren Aussprache von Lauten mit besonderem Zungeneinsatz wie „*s*“, „*sch*“, „*t*“, „*d*“, „*ch*“ („*ich-Laut*“)

Lerngegenstand:

Unterrichtsintegration von Spielen und Übungen je nach Themenbereich, z. B. die Erkenntnis im Sachunterricht: „*Wind ist bewegte Luft.*“

Methode:

Luftzentrierung

- **„Tisch-Fußball“**: Wattepusten
- **„Puste-Parcour“**: mit einer Murmel
- **„Tischtennisball-Pusten“**: im Eierkarton
- **„Autorennen“**: leichte Spielzeugautos wegpusten
- **„Pusterohr“**: Holzstäbchen aus einem Strohhalm auf ein Ziel pusten
- **„Schifffahrt“**: Schiffchen auf dem Wasser wegpusten
- **„Klecksomat“**: Wasserfarbkleckse auseinanderpusten
- **„Der große Knall“**: Papiertüte aufblasen und platzen lassen
- **„Glockenschlag“**: Glöckchen durch Pusten zum Klingen bringen
- **„Wind-Experimente“**: Papierschnipsel gegen eine Wand pusten, so dass sie nicht herabfallen, Kerzen ausblasen oder zum Flackern bringen

Lippenspannung

- **„Staubsauger“**: Erbsen mit Strohhalm ansaugen oder Papier mit Schnute ansaugen
- **„Bagger“**: Korken mit den Lippen transportieren
- **„Oma und Opa“**: Lippen und Wangen einziehen
- **„Lippenmaler“**: mit den Lippen auf Papier malen
- **„Schnurrbart“**: Stift oder Watte zwischen Oberlippe und Nase halten
- **„Salzstangen-Kunststücke“**: z. B. Salzstange ohne Hände essen
- **„Tauziehen“** und **„Kran“**: Knopf am Faden hinter den Lippen gegen Zug festhalten
- **„Papier-Halter“**: Papier zwischen den Lippen gegen Zug festhalten
- **„Clown-Gesicht“**: Grimassen mit den Lippen schneiden

Zungenbeweglichkeit

- **„Zähne putzen“**: mit der Zunge die Zahnreihen ablecken
- **„Besuch von Frau Zunge“**: mit der Zunge die Nase, das Kinn oder die Wange berühren
- **„Malermeister-Zunge“**: die Zungenspitze von innen mit Bewegungen gegen die Wange und gegen den Gaumen drücken
- **„Katzenbuckel“**: Zungenrücken gegen den Gaumen und die unteren Schneidezähne wölben
- **„Schlangen-Züngeln“**: die Zunge ahmt eine Schlangenzunge nach
- **„Pferdegeklapper“**: Zungenschnalzen
- **„Alles sauber“**: Esspapierteilchen mit der Zungenspitze vom Teller aufnehmen

Adams, I., Struck, V., Tillmanns-Karus M. (2010): Kunterbunt rund um den Mund: Materialsammlung für die mundmotorische Übungsbehandlung. Modernes Lernen, Dortmund

Elliot, A. (2013): Mi-Ma-Mundmotorik: Kartenset mit 50 Übungen für Aussprache, Atmung und Sprachförderung. Verlag an der Ruhr, Mühlheim a.d.R.

Thoen, S. (2015): Mundmotorik-Training rund ums Jahr: Materialsammlung Puste- und Ansaugübungen – Lippen- und Zungenspiele. Buch Verlag Kempen, Kempen

www.kindersprache.ch/wp-content/uploads/2015/09/Spiele-die-den-Mund-trainieren.pdf, 14.06.2017

www.kitakram.de/node/77, 14.06.2017

B) Phonematische Handzeichen

Handzeichen zu Lautmerkmalen

Zielgruppe:
Kinder mit phonetisch-phonologischen Störungen und Schwierigkeiten bei der Phonem-Graphem-Zuordnung

Förderziel:
Unterstützung bei der Lautbildung und bei der phonematischen Differenzierung, u. a. im Kontext des Schriftsprachlernens

Lerngegenstand:
Phonem-Graphem-Erarbeitung im Deutschunterricht sowie im späteren alphabetischen Schreibprozess

Methode:

Folgende phonematische Handzeichen weisen jeweils auf das Besondere bei der Aussprache hin und fokussieren damit Lautbildungsmerkmale (Stitzinger 2010):

- **„g“**: Daumen und Zeigefinger ertasten den Kehlkopf
  → Artikulationsstelle
- **„h“**: die Handfläche wird vor den Mund gehalten; sie spürt den ausströmenden Lufthauch
  → Luftstrom
- **„sch“**: Daumen und Zeigefinger drücken die Lippen zur Schnute zusammen
  → Lippenstellung
- **„l“**: die Handfläche ist nach oben gekrümmt wie die Zunge
  → Zungenlage
- **„a“**: die Handfläche bildet einen weiten Raum vor dem Mund und deutet die weite Mundöffnung an
  → Mundresonanzraum
- **„m“**: die Finger verschließen die Lippen und weisen auf den geschlossenen Mund hin
  → Mundverschluss (Abb. 26)

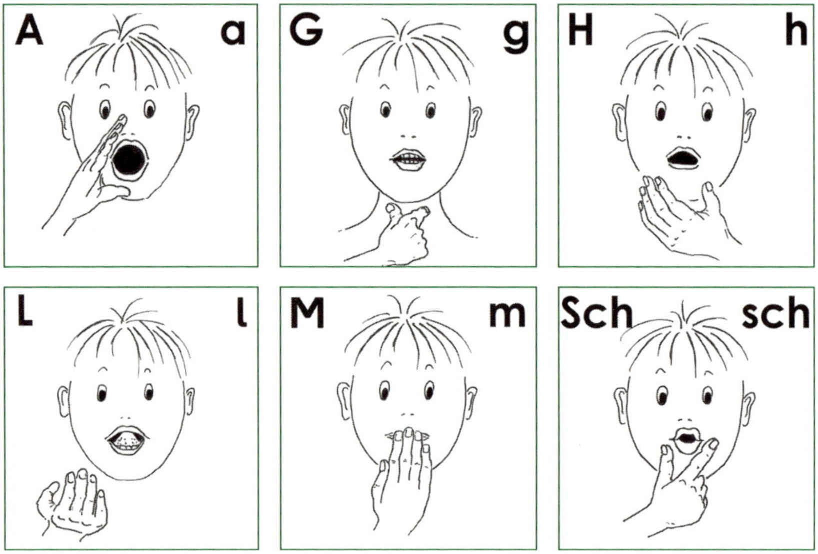

Abb. 26: Beispiele zu phonematischen Handzeichen nach Lautbildungsmerkmalen (Stitzinger 2010)

Haecker, B. (2010): Kieler Lautgebärden. Wandkarten und Plakat. Veris, Kiel

Kossak, R. (2016): Lübecker Lautgesten: Lesen lernen mit Hilfe von Handzeichen. Nierentisch Records & Verlag, Scharbeutz

Schäfer, H., Leis, N. (2008): Lesen und Schreiben im Handumdrehen: Lautgebärden erleichtern den Schriftspracherwerb in Förderschule und Grundschule. Ernst Reinhardt, München/Basel

www.abc-der-tiere.de/fileadmin/abc-der-tiere/download/ABC1/Download-Angebote_LHB_1403-70/Lautgebaerden_2.pdf, 14.06.2017

www.paedalogis.com/images/materialecke/anlautschriften/handzeichen_uebersicht/handzeichenReberSteidlInklErlaeuterung.pdf, 14.06.2017

www.schuleanderwicke.de/download/handzeichen.pdf, 14.06.2017

C) Lautmalereien

Nachahmung von Geräuschen

Zielgruppe:

Kinder mit phonetischen Störungen bei der Lautanbahnung

Förderziel:
Einsatz stimmlicher Geräuschimitationen zur Lautanbahnung

Lerngegenstand:
Auflockerungsphasen je nach Unterrichtsthema, z.B. im Sachunterricht: Themenbereich „Wetter“ oder „Wasserkreislauf“ sowie Themenbereiche „Maschinen“ und „Antriebe“

Methode:

- **„Wind und Wasser“**:
  Eine Wind- oder Wassergeschichte wird von der Lehrkraft und den SchülerInnen mit verschiedenen Wind- bzw. Wassergeräuschen lautlich begleitet.
  → Lautmalereien mit Ähnlichkeiten zu den Lauten *„f“*, *„w“*, *„s“*, *„sch“*, *„ch“* (*„ich-Laut“*) als gemeinsame Hörbilder in der Gruppe
- **„Maschinenlärm“**:
  Jedes Kind ahmt mit bestimmten Lauten einen Teil eines quietschenden, knatternden und ratternden Förderbandes nach.
  → Lautmalereien mit Ähnlichkeiten zu den Lauten *„rrr“*, *„ggg“*, *„kkk“*, *„ddd“*, *„ttt“*, *„bbb“*, *„ppp“* als gemeinsame Hörbilder in der Gruppe

Schreiber-Wicke, E. (2015): Es schnurrt und schnattert, surrt und flattert. Lauter Lautmalereien. Thienemann-Esslinger, Stuttgart

www.auer-verlag.de/media/ntx/auer/sample/07742_Musterseite.pdf, 14.06.2017
www.medienkindergarten.wien/medienpraxis/audio/geraeusche-nachahmen-die-geraeuschemacherinnen/, 14.06.2017

D) Minimalpaare und phonologische Bewusstheit

Minimalpaare

Zielgruppe:
Kinder mit auditiven Verarbeitungs- und Wahrnehmungsstörungen

Förderziel:
Förderung auditiver Verarbeitungs- und Wahrnehmungsleistungen durch häufiges Hören, Sprechen und Unterscheiden von Lautgestalten

Lerngegenstand:

Spiel im Rahmen des Sachunterrichts mit Auswahl bestimmter Bildkarten je nach Unterrichtsthema

Methode:

„Lebendes Memory":
Bild-Wortkarten zu Begriffen mit zu differenzierenden Anlauten, z. B. *„k"* – *„t"* (phonologischer Prozess der Lautvor- bzw. Rückverlagerung) oder *„k"* – *„g"* (phonologischer Prozess der Stimmgebung bzw. Stimmaussetzung) werden in je zweifacher Ausführung an die SchülerInnen als „lebendes Memoryspiel" verteilt (Abb. 27 u. 28). Jedes Kind erhält eine Karte und muss diese Karte geheim halten. Zwei Kinder fungieren wie beim herkömmlichen Memoryspiel als Spieler und haben die Aufgabe, die Karten durch Antippen der Kinder „aufzudecken". Daraufhin benennen die „lebenden Memorykarten" die Abbildung bzw. den Schriftzug. Identische Bilder bzw. Wörter ergeben ein Memorypärchen.

Abb. 27: Minimalpaare zum phonologischen Prozess der Lautvorverlagerung bzw. Lautrückverlagerung

Deich	–	**Teich**
Garten	–	**Karten**
Bass	–	**Pass**

Abb. 28: Minimalpaare zum phonologischen Prozess der Stimmgebung bzw. Stimmaussetzung

Schubitrix Leseförderung Minimalpaare. Schubi, Schaffhausen
Lautezauber – Spiel zur auditiven Differenzierung von Lauten mit Minimalpaaren. nikalog, Halfing

www.madoo.net/1845/reimememory-minimalpaare/, 14.06.2017
www.madoo.net/37078/spiele-mit-minimalpaaren-zur-vokallaenge/, 14.06.2017
www.madoo.net/3944/memory-mit-minimalpaaren/sammlungen/, 14.06.2017
www.madoo.net/thema/minimalpaare/, 14.06.2017

E) Einpräg- und Abrufhilfen für Fachbegriffe

Unterstützung der Wortgestalt

Zielgruppe:
Kinder im Kontext lexikalischer Störungen mit Schwierigkeiten, Wörter einzuprägen und abzurufen

Förderziel:
Förderung von Strategien zum Einprägen und Abrufen von Lernwörtern

Lerngegenstand:
Hilfestellungen im Unterricht, z. B. im Sachunterricht zum Thema „Jahreskreislauf"

Methode:

- **Hervorheben der Anfangslaute**:
  z. B. *„Das Wort ‚Februar' beginnt mit dem Laut ‚f'."*
- **Silbenschwingen**:
  z. B. *„Fe – bru – ar"* in Silben sprechen und im selben Rhythmus den Finger in der Luft in Silbenbögen bewegen
- **Reimbildung**:
  z. B. *„Februar"* → *„Januar"*, *„wunderbar"*, *„Exemplar"*
- **Hinzufügen weiterer formaler Merkmale**:
  z. B. Artikel *„der"*
- **„Blitz-Verdecken"**:
  z. B. Die Monatsnamen sind im Jahreskreis angeordnet. In der Partnerarbeit wird abwechselnd von einem Kind ein Monatsname blitzartig abgedeckt, so dass der Partner den nicht mehr sichtbaren Namen aus dem Gedächtnis nennen muss.
- **Kim-Spiel-Variationen**:
  z. B. Wegnehmen, Hinzufügen oder Austauschen von Monatsnamen im Jahreskreis (Abb. 29)
- **„Begriffs-Memory"**:
  z. B. Kartenpaare mit Monatsnamen (s. Punkt D: „lebendes Memory" zu Minimalpaaren)
- **„Wer wird Millionär?"** oder **„Kuckucksei"**:
  z. B. Die SchülerInnen finden aus vier Begriffen einen Begriff heraus, der nicht zu den anderen passt, z. B. *A) Februar, B) August, C) Oktopus, D) November.*

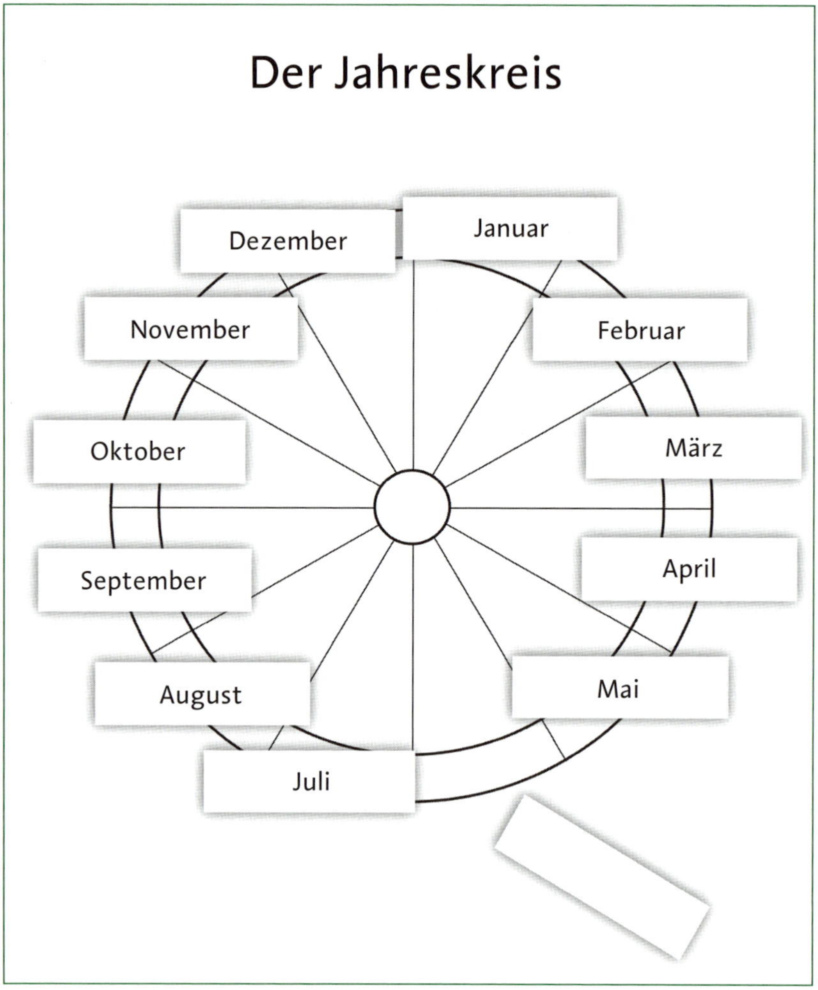

Abb. 29: Kim-Spiel-Variationen mit Monatsnamen im Jahreskreis

Motsch, H.-J., Marks, D.-K., Ulrich, T. (2015): Wortschatzsammler. Evidenzbasierte Strategietherapie lexikalischer Störungen im Kindesalter. Ernst Reinhardt, München / Basel

www.elternwissen.com/lerntipps/lernmethoden-und-lerntechniken/art/tipp/auswendig-lernen.html, 14.06.2017

www.genial-einfach-lernen.de/lernmethoden-lerntechniken/, 14.06.2017

www.hf.uni-koeln.de/data/sp/File/SPF%202_12%20Ulrich.pdf, 14.06.2017

F) Verknüpfung mit Bedeutungen

Unterstützung der Bedeutungsmerkmale

Zielgruppe:
Kinder mit Schwierigkeiten in der begrifflichen Merkmalszuordnung im Kontext semantischer Störungen

Förderziel:
Förderung der Verknüpfung und Ausdifferenzierung von Bedeutungsmerkmalen zu Begriffen

Lerngegenstand:
Hilfestellungen im Unterricht, z. B. im Sachunterricht zum Thema „Jahreskreislauf"

Methode:

– **„Keyword-Strategie"**:
z. B. „Was fällt mir zum Monat Februar ein?" → *„Karneval"*

– **„Mind-Map"**:
z. B. Zum Monat Februar werden verschiedene Bedeutungsmerkmale in Wort und Bild auf einem Plakat dargestellt: *„2. Monat"*, *„28 Tage"*, *„Mamas Geburtstag"*, *„Valentinstag"*, *„Schneereste"*, etc.

– **„Koffer packen"**:
Merkspiel mit Unterrichtsbegriffen und unterstützten Gebärden,
z. B. *„Ich packe in meinen Koffer einen Regenschirm, eine Skihose, ein Sommerkleid, …"* (optional in der Zuordnung zu Monaten)

– **„Begriffe-Raten"**:
Ratespiel mit Begriffen aus dem Unterricht,
z. B. *„Mein Gegenstand ist aus Stoff. Er wird über die Beine gezogen. Er hat einen Reißverschluss und Taschen. Er wird im Winter getragen. Welchen Gegenstand meine ich?"*

– **„Was bin ich"**:
Wortkarten z. B. mit jeweils einem Monatsnamen werden den SchülerInnen auf den Rücken geheftet. Die SchülerInnen haben nun die Aufgabe, den Monat ihrer Wortkarte herauszufinden, indem sie andere Kinder zu ihrem Monat befragen: *„Ist mein Monat im Winter? Ist mein Monat der 2. Monat im Jahr? Ist in meinem Monat Karneval? …"*

– **„Montagsmaler"**:
An der Tafel, Flipchart oder Whiteboard zeichnen Kinder Begriffe aus

dem Unterricht, die von den anderen im Wettspiel erraten werden, z. B. Regenschirm, Skihose, Sommerkleid, etc.

Dörr, U., Okreu, S. (2006): Klappt genau. ProLog, Köln

www.familienbande24.de/wissen/nachwuchs/paedagogik/spielen/spielesammlung/spiel174.html, 14.06.2017
www.gruppenspiele-hits.de/wettspiele/pantomime-montagsmaler.html, 14.06.2017
www.lehrerweb.at/materials/gs/deutsch/sprechen/sonst/sprachspiele.pdf, 14.06.2017

G) Gegenüberstellung grammatischer Formen

Komplexe Formenbildung

Zielgruppe:
Kinder mit morphologischen Unsicherheiten, z. B. in der Pluralbildung oder bei der Verbflexion (besonders auch im Kontext von Deutsch als Zweitsprache)

Förderziel:
Förderung des Einprägens sowie der Analogiebildung zu grammatischen Formen, z. B. Pluralbildung und Verbflexion

Lerngegenstand:
Möglichkeit der Integration in alle Unterrichtsfächer

Methode:
Einige Phänomene der deutschen Grammatik erweisen sich für Kinder (vor allem im Kontext von Deutsch als Zweitsprache) als besondere Schwierigkeit. Beispielsweise unterliegen die neun *Pluralbildungsmöglichkeiten* einem komplexen System nach drei verschiedenen Faktoren: Silbenzahl, Silbenende am rechten Wortrand, Geschlecht (Mathis / Kauschke 2008). Deswegen sollten Pluralformen zunächst vor dem Hintergrund der Komplexität des Systems im Zusammenhang mit dem *Erlernen neuer Wörter* angeboten werden, z. B.:

„Domino-Spiel“:
Singular-Plural-Formen, z. B. mit Begriffen zum Wortfeld Kleidung.

Darüber hinaus sollten Pluralformen unter Berücksichtigung der verschiedenen Faktoren als *Regelsystem* vermittelt werden, z. B.:

„Analogiebildung“:
Singular-Plural-Formen aus der Ableitung von anderen Wörtern aus dem Unterricht (Abb. 30).

Neben der Pluralbildung kann den Lernenden auch die *Verbflexion* Probleme bereiten. So können Analogiebildungen ebenfalls zur Einsicht in das *Regelsystem* der Verbbeugung (Abb. 31) wie auch zur Aktivierung des Sprachgefühls bei *Unregelmäßigkeiten* von Verbformen (Abb. 32) eingesetzt werden.

Abb. 30: Beispiel zur Analogiebildung für Pluralformen

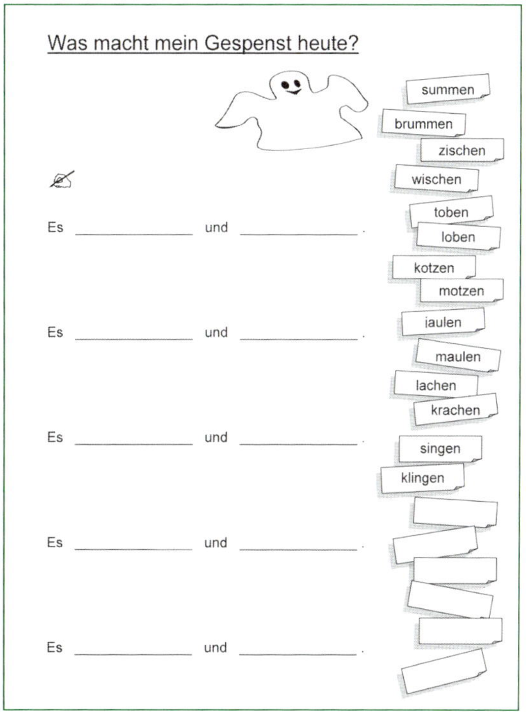

Abb. 31: Beispiel zur Analogiebildung bei regelmäßigen Verbformen

biegen	bog	gebogen
wiegen	....	....
fliegen	....	....
fließen	floss	geflossen
schießen	....	....
gießen	....	....

Abb. 32: Beispiel zur Analogiebildung bei unregelmäßigen Verbformen

Kistner, S., Thanuskody, A. C. (2016): Zeitformen üben und festigen: Kopiervorlagen mit Lösungen. Verlag an der Ruhr, Mühlheim a.d.R.

www.madoo.net/thema/genus/, 30.06.2017
www.madoo.net/thema/plural/, 30.06.2017
www.madoo.net/thema/verben/, 30.06.2017

H) Wortstellungsmuster im Satz

Verbstellungen

Zielgruppe:
Kinder mit syntaktischen Unsicherheiten, z. B. noch nicht gefestigte Fähigkeiten zu Verbstellungsregeln

Förderziel:
Erkennen und Übertragen syntaktischer Muster, insbesondere der Regeln zur Verbstellung

Lerngegenstand:
Aufwärmspiel im Sportunterricht sowie Abschlussphasen im Sachunterricht und Mathematikunterricht

Methode:

Verben haben im Deutschen klar definierte Regeln zur Position im Satz. Die Regel zur *Verb-Zweitstellung*, welche im Aussagesatz zwingend ist, lässt sich mit dem Einsatz von Satzmustern im Rahmen eines Fangspieles im Sportunterricht fördern, z. B.:

„Hexen-Fangspiel“:

Ein Kind in der Rolle einer Hexe steht dem Rest der Gruppe an einer Hallenseite gegenüber.
Gruppe: *„Hexe, Hexe, was fängst du heute?“*
Hexe: *„Heute fange ich …“* (nennt ein Tier)
Gruppe: *„Hexe, Hexe, was fängst du dann?“*.
Hexe: *„Dann fange ich …“* (nennt ein anderes Tier).
Das Frage- und Antwortmuster geschieht so lange, bis die Hexe ruft: *„Dann fange ich Kinder!“* Nach diesem Ausruf der Hexe rennen alle Kinder

an die andere Hallenseite. Die Hexe versucht dabei, so viele Kinder wie möglich zu fangen, bevor diese die Hallenseite erreichen. Die gefangenen Kinder verwandeln sich dann zur Hexe und helfen in den nächsten Durchgängen beim Fangen.

Die Regel zur *Verbklammer*, die im Aussagesatz eine Distanzstellung der Verbteile fordert, kann mit einer Partner-Spielform zum Abschluss einer Sachunterrichtsstunde unterstützt werden, z. B.:

„Wegzaubern":

Bild- oder Wortkarten werden auf dem Tisch verteilt, z. B. Baumarten.
Kind 1 fragt Kind 2: *„Was soll ich wegzaubern?"*
Kind 2 gibt die Anweisung, z. B.: *„Zaubere den Ahorn weg!"*
Kind 1 saugt die genannte Karte mit einem Strohhalm an und nimmt diese vom Tisch (alternativ kann die Karte auch durch Pusten weggenommen werden). Danach werden die Rollen getauscht, bis alle Karten vom Tisch sind.

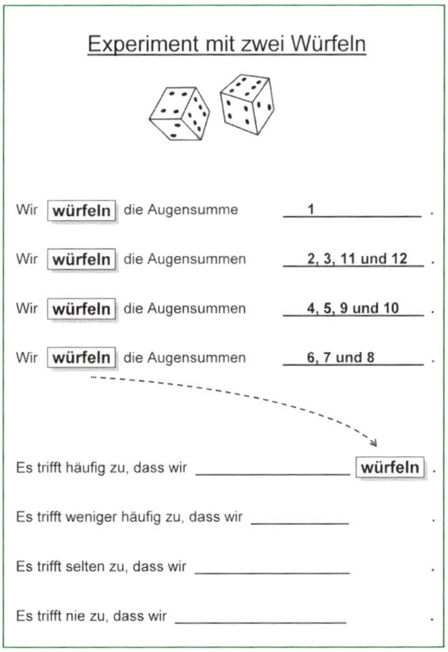
Experiment mit zwei Würfeln

Wir **würfeln** die Augensumme 1 .
Wir **würfeln** die Augensummen 2, 3, 11 und 12 .
Wir **würfeln** die Augensummen 4, 5, 9 und 10 .
Wir **würfeln** die Augensummen 6, 7 und 8 .

Es trifft häufig zu, dass wir ______ **würfeln** .
Es trifft weniger häufig zu, dass wir ______ .
Es trifft selten zu, dass wir ______ .
Es trifft nie zu, dass wir ______ .

Abb. 33: Beispiel zur Verb-Endstellung im Nebensatz im Rahmen des Experimentes mit zwei Würfeln (modifiziert nach Stitzinger/Bechstein 2013)

Die Regel zur *Verb-Endstellung*, die im Nebensatz zur Anwendung kommt, kann funktional im Mathematikunterricht zum Einsatz kommen, z. B.:

„Experiment mit zwei Würfeln":

Die SchülerInnen erkunden, welche Augenzahlen *„häufig"*, *„weniger häufig"*, *„selten"* oder *„nie"* gewürfelt werden (Stitzinger/Bechstein 2013). Auf dem Ergebnisplakat steht das Verb *„würfeln"* bei der Aussage zu den möglichen Ereignissen an zweiter Position. Im Nebensatz der Wahrscheinlichkeitsvorhersage rückt das Verb dann an die Endposition (Abb. 33).

Berg, M. (2011): Kontextoptimierung im Unterricht. Praxisbausteine für die Förderung grammatischer Fähigkeiten. Ernst Reinhardt, München/Basel

Motsch, H.-J., Berg, M. (2010): Kontextoptimierung: Evidenzbasierte Intervention bei grammatischen Störungen in Therapie und Unterricht. Ernst Reinhardt, München/Basel

Wilhelm, E. (2005): Der Grammatik-Gourmet. Bd. 1 u. 2. ProLog, Köln

www.grammatikdeutsch.de/html/grammatikspiele.html, 14.06.2017

www.uni-due.de/imperia/md/content/foerderunterricht/spiele_zu_grammatischen_schwierigkeitsbereichen.pdf, 14.06.2017

6.2 Gestaltung sprach- und kommunikationsfördernder Lernumgebungen und Unterrichtsgegenstände

Ein weiterer Bereich des „Inklusiven Unterrichtsprofils Sprache und Kommunikation" bezieht sich auf die Lernumgebung und die Lerngegenstände. Da die Gestaltung des Raumes das Lernen und das soziale Miteinander beeinflusst, kann der Klassenraum als „dritter Pädagoge" bezeichnet werden (Hoffmann 2015). Dementsprechend sind Überlegungen zur Einrichtung und Ausstattung des Klassenzimmers auch mit dem Blick auf sprachliche und kommunikative Lehr-Lernprozesse notwendig. In den folgenden Abschnitten geben wir deshalb beispielhafte Vorschläge, wie Lernräume und Lerngegenstände auf sprachlich-kommunikative Förder- und Unterstützungsmöglichkeiten ausgerichtet und aufbereitet werden können.

A) Räumliche Gliederung des Unterrichts

Gesprächszonen

Zielgruppe:
Kinder mit und ohne sprachlichen Unterstützungsbedarf

Förderziel:
Möglichkeiten für unterschiedliche sprachliche Auseinandersetzungen in verschiedenen Raumzonen

Methode:

Regale oder Stellwände werden als Raumteiler genutzt. Zusätzliche Gesprächszonen werden mit Teppichen oder Podesten markiert (Abb. 34):

- **„Gruppentisch-Zone“, „Schülerkonferenz-Zone“, „Schulflur-Klapptische“**:
  für kooperatives Lernen in Kleingruppenkonstellationen
- **„Präsentations-Zone“**:
  für sprachliches Präsentieren und Informieren
- **„Gruppenkreis“**:
  für das Diskutieren in der Großgruppe
- **„Meeting-Point“**:
  für einzelne Hilfen und spontane Austauschbedürfnisse von SchülerInnen
- **„Stille-Ecke“**:
  für die ungestörte sprachliche Wahrnehmung und Verarbeitung
- **„Lese-Sofa“**:
  für ungestörtes Lesen

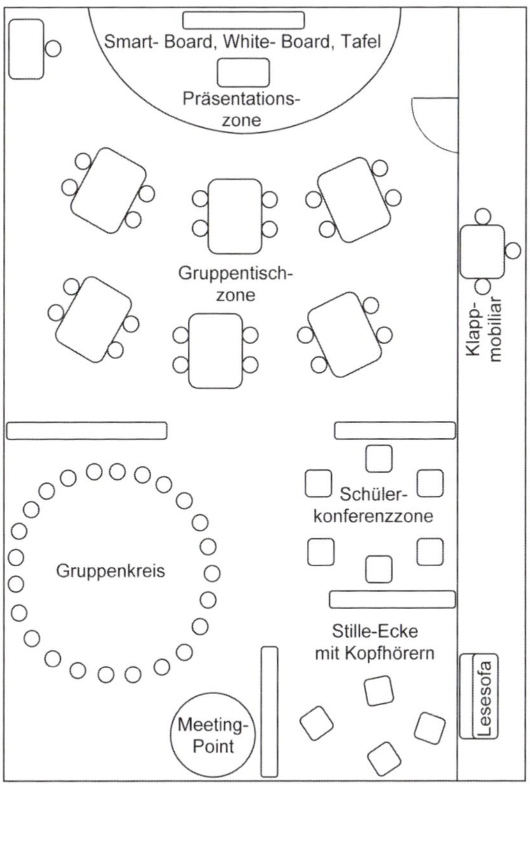

Sicherheitsbestimmungen beachten!

- Fluchtwege und Brandschutz

Abb. 34: Beispiel einer Lernraumaufteilung mit Zonen für unterschiedliche sprachlich-kommunikative Aktivitäten

www.lehrplanplus.bayern.de/sixcms/media.php/71/GS_3-4_Englisch_Chatpoing-Meetingpoint_Methode%20f%C3%BCr%20LIS.pdf, 14.06.2017
www.goethe.de/resources/files/pdf81/Ratgeber_Raumgestaltung_DE.pdf, 30.06.2017
www.lernraeume-aktuell.de/startseite.html, 30.06.2017

B) Räumliche Gestaltung und Ausstattung

Plakate im Klassenzimmer

Zielgruppe:
Kinder mit semantisch-lexikalischem Unterstützungsbedarf

Förderziel:
Präsenz und Visualisierung sprachlicher Inhalte über die Zeit von Unterrichtseinheiten

Methode:

Begriffe – Merksätze – Graphiken – Abbildungen – Fotos:

Präsentation an Raumwänden, an Schnurbespannungen oder an Stellwänden unter Einhaltung klarer Ordnungsstrukturen, z.B. als Lernplakat im Sachunterricht (Abb. 35)

Abb. 35: Beispiel eines Lernplakates zum Thema „Der Baum"

www.4teachers.de/material/51072/Methodenkarte, 14.06.2017
www.baeren-und-tiger.de/jahrgangsmischung/klassenzimmer/, 14.06.2017
www.klhuber.de/Seminar/downloads/00.08visualisierungkomplett.pdf, 14.06.2017
www.niekao.de/out/media/9783869535937.pdf, 14.06.2017
www.riepel.net/methoden/Unterrichtsplakat.pdf, 14.06.2017

C) Reduktion von Plenumsphasen

Sprechanlässe in individualisierter Planarbeit

Zielgruppe:
Kinder mit geringen verbalen Aufnahmefähigkeiten bei auditiven Verarbeitungs- und Wahrnehmungsstörungen

Förderziel:
Ermöglichung vermehrter Sprechgelegenheiten und Förderung von Dialogformen anstatt langer Zuhörphasen in der Großgruppe

Methode:

Lösungsorientierte Gesprächsaufträge:

Aufträge zur gemeinsamen sprachlichen Lösung von Aufgaben im Rahmen der Tages- und Wochenplanarbeit,
z.B. *„Bespreche die Rechenaufgabe Nr. 3 mit einer Partnerin oder einem Partner und findet gemeinsam einen Lösungsweg.“*

D) Unterrichtsgestaltung mit situativen Stillephasen

Stillesignale

Zielgruppe:
Kinder, die schnell abgelenkt werden

Förderziel:
Herstellung gemeinsamer Aufmerksamkeit und Förderung der Aufnahmefähigkeit

Methode:

Mit akustischen Signalen oder optischen Zeichen zeigt die Lehrkraft an, dass Ruhe in der Lerngruppe einkehren soll und die Kinder ihre Aufmerksamkeit auf die Lehrkraft und den Lerngegenstand richten sollen, z. B.:

- **Klangschale – Klangstab – Glocke,**
- **Handzeichen – Piktogramm** (Abb. 36)

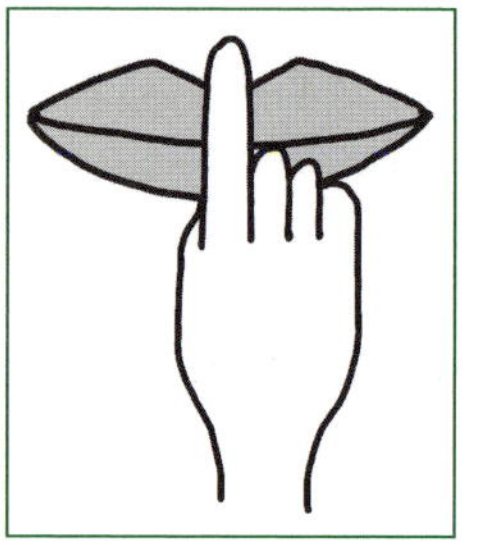

Abb. 36: Piktogramm als Stillezeichen

www.forrefs.de/grundschule/unterricht/unterricht-halten/unterrichtsstoerungen/umgang-mit-unterrichtsstoerungen-gewusst-wie.html, 14.06.2017
www.kinderpsychologin.at/mmst05.pdf, 14.06.2017

E) Fokussierung verschiedener Verarbeitungskanäle

Fühlboxen, Aufdeckbilder, Hörbilder

Zielgruppe:
Kinder mit

- Stärken im Tastsinn
- Stärken in der visuellen Wahrnehmung
- auditiver Aufmerksamkeit

Förderziel:

- Fokussierung der Tastwahrnehmung von Gegenständen
- Förderung der visuellen Wahrnehmung und Kombinationsfähigkeit durch Bildausschnitte
- Förderung der Hörverarbeitung von Geräuschen

Methode:

Zu Beginn einer Unterrichtsstunde oder Unterrichtseinheit, beispielsweise im Sachunterricht, sollten das Interesse und die Motivation für einen Unterrichtsgegenstand geweckt, Vorinformationen zu einem neuen Unterrichtsthema gegeben und Begriffe vorab erklärt werden. Dabei können verschiedene Verarbeitungskanäle fokussiert werden, z. B.:

– **Fühlboxen**:
Ertasten und Benennen einer Glühbirne im Zusammenhang mit dem Sachunterrichtsthema „Elektrischer Strom“.
– **Aufdeckbilder**:
Allmähliches Aufdecken eines Waldbildes wie bei einem Puzzle im Zusammenhang mit dem Sachunterrichtsthema „Schichten des Waldes“.
– **Hörbilder**:
Abspielen von Geräuschen wie Wind, Regen und Donner als akustisches Ereignis beim Sachunterrichtsthema „Erscheinungen des Wetters“.

www.haus-der-kleinen-forscher.de/de/praxisanregungen/experimente-themen/klaenge-und- geraeusche/, 14.06.2017
www.wimmelköpfchen.de/visuelle-wahrnehmung-foerdern-spielideen-fuer-raeumlichkeit/, 27.06.2017
www.kidsweb.de/basteln/fuehlkiste/fuehlkiste_basten.htm, 14.06.2017

F) Strukturierungs- und Orientierungshilfen

Aufmerksamkeitslenkung

Zielgruppe:
Kinder mit Beeinträchtigungen der verbalen Aufmerksamkeitssteuerung

Förderziel:
Unterstützung der Aufmerksamkeit für gesprochene Sprache

Methode:

Die Lehrkraft lenkt mit verschiedenen Mitteln die Aufmerksamkeit der SchülerInnen auf Sprache. Dabei fungiert die Lehrkraft als Modell für die SchülerInnen, indem sie in Plenumsgesprächen vor dem Sprechen auf die Aufmerksamkeit der Kinder wartet, z.B.:

– **Blickkontakt**:
Bestätigung der Aufmerksamkeit durch mimische Rückmeldungen
– **Gestik**:
Handzeichen
– **Verbale Unterstützung**:
„Du kannst mir jetzt gut zuhören. Das sehe ich.“

www.elternwissen.com/lerntipps/konzentration-adhs/art/tipp/die-besten-tipps-fuer-mehr-konzentration-im-unterricht.html, 14.06.2017

G) Modifikationen von Medien

Formale und sprachliche Anpassung von Lehr-Lernwerken

Zielgruppe:

Kinder mit

- Beeinträchtigungen bei der visuell-schriftlichen Verarbeitung
- Beeinträchtigungen bei der semantisch-lexikalischen und morphologisch-syntaktischen Verarbeitung

Förderziel:

- Erleichterungen bei der Textorientierung in Lehr-Lernwerken
- Erleichterungen bei der Aufnahme und Verarbeitung von Wörtern und Satzstrukturen in Lehr-Lernwerken

Methode:

Die Lehrkraft kann unter *formalen* Kriterien Lehr-Lernwerke anpassen, z.B. (Abb. 37):

– **Markierungen**:

Unterstreichen, Einrahmen oder farbliches Unterlegen von Absätzen, Satzteilen und Wörtern in Arbeitsbüchern oder Arbeitsblättern gemeinsam mit den SchülerInnen (Bearbeitungen am Smart-Board bei digital vorliegenden Lehrmaterialien)

– **Ausschnitte – Vergrößerungen – Neuordnungen:**

Textbearbeitung mittels Kopierverfahren durch die Lehrkraft

Außerdem kann die Lehrkraft unter *sprachlichen* Kriterien Lehr-Lernwerke anpassen, z.B. (Abb. 38):

– **Syntaktische Vereinfachungen**:

Vereinheitlichung der Satzstruktur hinsichtlich Subjekt-Prädikat-Objekt, Trennung von Haupt- und Nebensätzen

– **Lexikalische Reduzierungen**:

Anpassung der Wortwahl

Addition

Subtraktion

Multiplikation

Division

Abb. 37: Beispiel einer formalen Anpassung mit Markierungen

Wetterbeobachtung

Bevor Meteorologen eine Wettervorhersage verbreiten können, müssen eine Vielzahl an Messungen und Berechnungen durchgeführt werden. Im Gegensatz zu früher stehen heute den Wetterforschern modernste technische Gerätschaften und digitale Apparaturen zur Verfügung. Weite Areale der Erdoberfläche befinden sich ständig von Wettersatelliten im All unter Beobachtung, die wiederum Fotos, z. B. über die Wolkendecke, zurück zur Erde senden. Hieraus werden von den Fachleuten der Meteorologie die Entstehung von Stürmen abgeleitet und ihre Bewegungsrichtung errechnet, um rechtzeitig Sturmwarnung verkünden zu können.

Wir beobachten das Wetter

Die Wetterforscher müssen zum Wetter viel rechnen und messen. Das Wetter kann dann vorhergesagt werden. Die Wetterforscher heißen auch Meteorologen. Die Beobachtung und die Forschung über das Wetter heißt Meteorologie. Die Wetterforscher arbeiten heute mit modernsten Geräten und Computern. Im Weltraum sind Wetterbeobachtungs-Stationen. Sie heißen auch Wetter-Satelliten. Sie beobachten die Erde und fotografieren zum Beispiel die Wolken. Die Fotos werden zurück auf die Erde zu den Wetterforschern gesendet. Die Wetterforscher erforschen damit: Wie entstehen Stürme? In welche Richtung wehen die Stürme? Die Wetterforscher können dann schnell vor einem Sturm warnen.

Abb. 38: Beispiel einer sprachlichen Textanpassung

Kein völliger Ausschluss komplexer sprachlicher Strukturen!

Ein bewusster Input von Begriffen oder grammatischen Konstruktionen kann wiederum den Wortschatz und die grammatischen Fähigkeiten der SchülerInnen erweitern, indem den SchülerInnen im Mathematikunterricht z. B. Nebensätze oder Passivsätze als Äußerungsmuster für mathematische Argumentationen gezielt angeboten werden.

www.daz.alp.dillingen.de/index.php/grundlagen/wie-koennen-wir-die-schueler-unterrichten/textentlastung, 14.06.2017
www.leichtesprache.org/images/Regeln_Leichte_Sprache.pdf, 14.06.2017

H) Zeitliche Individualisierungen

Individuelle mündliche und schriftliche Bearbeitungszeit

Zielgruppe:
Kinder mit Stottersymptomen, Dysarthrien sowie Sprachentwicklungsstörungen bei Beeinträchtigungen der geistigen Entwicklung

Förderziel:
Berücksichtigung von unterschiedlichen Sprech- und Schreibgeschwindigkeiten bei einzelnen sprachlich-kommunikativen Beeinträchtigungen

Methode:

- **„Zeit-Flexibilität“:**
Die Lehrkraft und die Lerngruppe räumen SchülerInnen mit Stottersymptomen, Dysarthrien und starken Sprachentwicklungsstörungen so viel Zeit im Gespräch ein, wie sie zur Äußerung benötigen, um Leistungsdruck beim Sprechen weitgehend zu vermeiden.
- **„Realisierungs-Flexibilität“:**
Unterschiedliche sprachliche Realisierungsmöglichkeiten benötigen eine entsprechende zeitliche Berücksichtigung, z.B. Sprachcomputer mit Augensteuerung oder computergestützte Äußerungshilfen.

Kahlert, J., Nitsche, K., Zierer, K. (Hrsg.) (2013): Räume zum Lernen und Lehren. Perspektiven einer zeitgemäßen Schulraumgestaltung. Klinkhardt, Bad Heilbrunn

Stadler-Altmann, U. (Hrsg.) (2015): Lernumgebungen. Erziehungswissenschaftliche Perspektiven auf Schulgebäude und Klassenzimmer. Budrich, Leverkusen-Opladen

www.lehrerfortbildung-bw.de/st_if/bs/if/unterrichtsgestaltung/unterricht/moeglichkeiten/, 14.06.2017

6.3 Sprache der Lehrkraft

Ein anderer Bereich des „Inklusiven Unterrichtsprofils Sprache und Kommunikation“ umfasst die sprachlich-kommunikativen Aktivitäten der Lehrenden im Unterricht. Die Sprache der Lehrkraft trägt entscheidend dazu bei, wie SchülerInnen mit sprachlich-kommunikativen Beeinträchtigungen Anweisungen oder Fragestellungen folgen und die entsprechenden Informationen verarbeiten können. Die entscheidenden Komponenten für die Lehrersprache sind das *Sprechen,* z. B. Betonung, die *Sprache,* z. B. Wiederholungen ausgewählter Begriffe oder Satzstrukturen, das *Nonverbale,* z. B. Gestik, Mimik und Körpereinsatz sowie die *Anschaulichkeit,* z. B. Bilder und Gegenstände (Ruppert/Schönauer-Schneider 2008; Westdörp 2010). Eine bestimmende Rolle spielen dabei Reduzierungen, Strukturierungen, Visualisierungen und Konkretisierungen sprachlicher Inhalte. Im Folgenden geben wir Tipps zur Umsetzung, um mit dem Einsatz der Lehrersprache SchülerInnen mit sprachlich-kommunikativen Beeinträchtigungen hilfreich zu unterstützen.

A) Inhaltliche Klarheit

Fokussierung in Wortwahl und Satzbau

Zielgruppe:
Kinder mit Beeinträchtigungen bei der semantisch-lexikalischen und/oder morphologisch-syntaktischen Verarbeitung

Förderziel:
Sicherung des Sprachverständnisses und der Zuhörbereitschaft der SchülerInnen

Methode:

- **Wortschatzgebrauch**:
Konsequente und häufige Verwendung der Begriffe *„schwimmen"* und *„sinken"* zum Versuch mit schwimmenden und sinkenden Materialien im Sachunterricht (die Verwendung von Synonymen wie *„treiben"*, *„schweben"*, *„untergehen"* oder *„eintauchen"* kann die SchülerInnen dagegen irritieren)
- **Begriffs-Vorerwartung**:
Klärung von Schlüsselbegriffen durch die Lehrkraft im Voraus und nicht erst, nachdem der Text gesprochen oder vorgelesen wurde
- **Satzkonstruktionen**:
Vermeidung von „Schachtelsätzen": *„Bevor ihr mit dem Schreiben beginnt, setzt ihr euch zu zweit zusammen und besprecht eure Ideen. Ihr dürft dann auch auf dem PC schreiben, wenn ihr mir eure Ergebnisse gezeigt habt."*
Besser: *„Setzt euch zu zweit zusammen. Besprecht eure Ideen. Schreibt eure Ideen auf. Zeigt mir eure Ergebnisse. Schreibt auf dem PC."*

Keine Reduzierung von Inhalten!

- Die Lehrkraft soll die Verwendung unterschiedlicher Wörter für denselben Begriff vermeiden, aber trotzdem ausgewählte Begriffe häufig nennen.
- Die Satzbildung der Lehrkraft soll an die Verarbeitungsfähigkeiten der SchülerInnen angepasst werden, aber trotzdem genaue Aussagen ermöglichen.
  → Wenn wichtige Inhalte verloren gehen, wird die Informationsverarbeitung für die SchülerInnen erneut erschwert.

B) Reduzierung der Sprechfülle und Sprechgeschwindigkeit

Entzerrung der Informationsdichte

Zielgruppe:
Kinder mit beeinträchtigter sprachlicher Hörmerkspanne

Förderziel:
Gliederung von Informationsteilen und Anpassung an die Hörverarbeitung der SchülerInnen zur Erleichterung der sprachlichen Aufnahme und Verarbeitung

Methode:

- **Informationsstrukturierung**:
  Das vorangegangene Beispiel weist trotz sprachlicher Anpassungen eine hohe Informationsdichte auf (s. Punkt A: Satzkonstruktionen zur Fokussierung in Wortwahl und Satzbau). Deshalb sollten zusätzliche Strukturierungen vorgenommen werden, wie etwa: *„Partnerarbeit: Setzt euch zu zweit zusammen. Zuerst: Besprecht eure Ideen. Anschließend: Schreibt eure Ideen auf. Danach: Zeigt mir eure Ergebnisse. Zum Schluss: Schreibt auf dem PC."*
- **Sprechtempo-Kontrolle**:
  Das Sprechtempo sollte weder zu langsam noch zu schnell sein und an die Hörgewohnheit einer mittleren Sprechgeschwindigkeit angepasst sein.

C) Strukturierung durch Pausen

Absätze bei Lautfolgen, Wörtern, Satzteilen und Textabschnitten

Zielgruppe:
Kinder mit Störungen in der phonologischen, lexikalischen und syntaktischen Verarbeitung

Förderziel:
Erleichterung für SchülerInnen bei der Wahrnehmung von Lautfolgen, Wortgestalten, Satzstrukturen sowie Sinneinheiten

Methode:

– **Lautfolgen**:
Leichtes Absenken des Sprechflusses bei Mehrfachkonsonanzen wie im Wort „*Spritze*“: „*sch_pritze*“

– **Wörter**:
Leichte Reduzierung der Sprechgeschwindigkeit im Satz vor bedeutsamen Inhaltswörtern wie: „*Wälder werden in _Nadelwald, _Laubwald und _Mischwald eingeteilt.*“
oder vor bedeutungstragenden Funktionswörtern wie: „*Schreibt das Wort _unter das Bild.*“

– **Satzteile**:
Natürlicher Einsatz von Pausen zwischen Haupt- und Nebensatz wie: „*Holz schwimmt, _weil es leichter als Wasser ist.*“

– **Textabschnitte**:
Ausreichend wahrnehmbare Pausen zwischen Textabschnitten, gedanklichen Einheiten, Informationsteilen etc.

D) Strukturierung durch Intonation, Prosodie und Lautstärke

Akzente in Intonation, Lautstärke und Prosodie (Satzmelodie und Rhythmus)

Zielgruppe:
Kinder mit Störungen in der phonologischen und syntaktischen Verarbeitung sowie mit beeinträchtigter Aufmerksamkeitsspanne

Förderziel:
Verdeutlichung sprachlicher Strukturen und Lenkung der Aufmerksamkeit auf gesprochene Sprache

Methode:

- **Artikulation**:
Deutlich akzentuierte Aussprache mit Blickkontakt zu den SchülerInnen, um zusätzlich ein Ablesen vom Mundbild zu ermöglichen
- **Tonhöhe**:
Stimmvariationen als Emotionsausdruck und Rollenübernahme: *„Das ist sehr schön, dass du dir das gemerkt hast." „Achtung, eine wichtige Ansage!"*
- **Lautstärke**:
Veränderungen der Sprechlautstärke zur Hervorhebung von Informationsinhalten und Aufmerksamkeitslenkung: *„Heute werden wir uns mit dem Thema Schwimmen und Sinken beschäftigen (laut)." „Ich bin gespannt, was ihr dazu schon wisst (leise, aber trotzdem zugewandt)."*

E) Fokussierung durch Mimik und Gestik

Mimisch-gestische Unterstützung

Zielgruppe:
Kinder mit Beeinträchtigungen im Sprachverständnis

Förderziel:
Verwendung nonverbaler Mittel zur Erleichterung des Sprachverständnisses der SchülerInnen

Methode:

- **Einsatz von Mimik:**
Als Unterstützung oder Ersatz der verbalen Mitteilung: Die Lehrkraft zeigt ein freudiges Gesicht zu einer korrekten Lösung einer Fragestellung der SchülerInnen.

Abb. 39: Handzeichen für „Stopp"

- **Einsatz von Gestik:**

Handzeichen: Finger zeigt zu sich selbst für *„ich“* oder zu einer anderen Person für *„du“*, Handfläche nach vorne präsentiert für *„Stopp“* (Abb. 39)

- **pantomimisches Sprechen:**

Erklärung einer Versuchsanordnung im Sachunterricht durch pantomimisches Vormachen der Lehrkraft

F) Visualisierung sprachstruktureller Merkmale

Einsatz von Zeichen und Schrift

Zielgruppe:
Kinder mit Beeinträchtigungen der verbalen Verarbeitung

Förderziel:
Unterstützung verbaler Inhalte auf der Zeichen- und Schriftebene

Methode:

- **Zeichen**:

Piktogramme zu verschiedenen Aufgabenformen wie Vermuten, Beobachten, Nachdenken, Besprechen, Aufschreiben etc. (Abb. 40)

- **Wortkarten und Satzstreifen**:

Präsentation von Schlüsselbegriffen und zentralen Formulierungen zu Vermutungen zum Experiment „Schwimmen und Sinken“ im Sachunterricht im Papierformat oder in digitalen Versionen: *„Ich vermute, dass ________ schwimmt.“ „Ich vermute, dass ________ sinkt.“*

Abb. 40: Piktogramme für verschiedene Aufgabenformen

G) Sprachliches und kognitives Modellieren

Modellieren vor und nach der kindlichen Äußerung

Zielgruppe:
Kinder mit Sprachentwicklungsstörungen

Förderziel:
Inhaltliche Rückmeldungen an das Kind bei gleichzeitiger korrekter Wiedergabe der sprachlichen Zielform, ohne das Kind auf die sprachliche Abweichung direkt aufmerksam zu machen, z. B. im Sachunterricht zum Thema „Schwimmen und Sinken"

Methode:

Sprachliche Modelle können in folgender Form *vor* einer kindlichen Äußerung gegeben werden:

- **Präsentation:**
  z. B. LehrerIn: *„Wir beweisen heute, dass Materialien im Wasser schwimmen oder sinken."*
  → Sprachliche Zielform wird eingeführt.
- **Parallel-Talking:**
  z. B. LehrerIn: *„Hanna beobachtet, dass der Korken im Wasser schwimmt."*
  → Handlung einer anderen Person wird kommentiert.
- **Self-Talking:**
  z. B. LehrerIn: *„Ich beobachte, dass der Nagel im Wasser sinkt."*
  → Eigene Handlung wird kommentiert.
- **Imitate Modeling:**
  z. B. LehrerIn: *„Ich beobachte, dass der Nagel im Wasser sinkt."* Kind: *„Ich beobachte, dass der Stein sinkt."*
  → Sprachmodell wird übernommen.
- **Forced Alternative Questions (FAQ):**
  z. B. LehrerIn: *„Hast du beobachtet, dass Holz im Wasser schwimmt oder dass es sinkt?"* Kind: *„Dass es schwimmt."*
  → Zwei sprachliche Modelle werden zur Auswahl angeboten.
- **Modellierte Selbstkorrektur:**
  z. B. *„Ich habe beobachtet, warum – ah, nein – dass Holz schwimmt."*

Sprachliche Modelle können in folgender Form *nach* einer kindlichen Äußerung gegeben werden:

- **Expansion**:
  z.B. Kind: *„Holz schwimmt."* LehrerIn: *„Ja genau, ich sehe auch, dass das Holz schwimmt."*
  → syntaktische Erweiterung
- **Extension**:
  z.B. Kind: *„Der tut schwimmen."* LehrerIn: *„Du hast recht. Das Holz schwimmt im Wasser und sinkt nicht."*
  → syntaktische Richtigstellung und sachlogische Erweiterung
- **Korrektives Feedback**:
  z.B. Kind: *„Hot tut swimmen."* LehrerIn: *„Ja richtig, Holz schwimmt."*
  → sprachliche Richtigstellung ohne Erweiterung

Kognitive Modelle können in folgender Form gegeben werden:

- **Kognitives Modellieren**:
  z.B. LehrerIn: *„Wie finde ich heraus, warum Holz im Wasser schwimmt und warum Metall sinkt? Vielleicht hat es mit dem Gewicht zu tun. Wasser hat sicherlich auch ein Gewicht …"*
  → lautes Aussprechen von Gedanken in der Ich-Form

H) Konkretisierung durch Gegenstände und Handlungen sowie Bilder

Gegenständliche und handelnde sowie bildliche Repräsentation

Zielgruppe:
Kinder mit Beeinträchtigungen der Sprachverarbeitung

Förderziel:
Konkretisierung der abstrakten Sprache

Methode:

- **Konkrete Ebene**:
  z.B. Gegenstände des Versuches im Sachunterricht zum Schwimmen und Sinken werden präsentiert (Holzstück, Korken, Nagel, Stein, …) und

eine Probehandlung wird mit einem Gegenstand im leeren Wasserbecken durchgeführt.

– **Bildliche Ebene**:

z.B. Die Versuchsanweisung zum Schwimmen und Sinken wird mit Fotos, Zeichnungen oder Piktogrammen dargestellt.

– **Integration Handlung – Bild – Sprache**:

z.B. Einzelne besondere Schritte zur Gestaltung eines Fantasietieres aus Ton werden im Kunstunterricht handelnd, bildlich und sprachlich präzisiert (Abb. 41).

Fantasie-Tier aus Ton

Arbeitsschritte: Entscheide und markiere!		✓
Ich **muss** den Ton	**klopfen.**	
Ich **muss** eine Kugel	**rollen.**	
Ich **muss** den Körper	**wählen** und **formen.**	
Ich **muss** den Schnabel	**heraus ziehen.**	
	an ziehen.	
Ich **muss** den Schwanz	**ein fügen.**	
	an fügen.	
Ich **muss** die Dellen	**ver streichen.**	
	an streichen.	
Ich **muss** die Augen	**ver ritzen.**	
	ein ritzen.	
Ich **muss** die Haare	**ein ritzen.**	
	an ritzen.	

Abb. 41: Arbeitsblatt zur Gestaltung eines Fantasietieres aus Ton (nach Praxismaterial Chantal Polzin)

Eiberger, C., Hildebrandt, H. (2013): Lehrersprache im Grundschulunterricht: Trainingsbausteine für eine wirksame verbale und nonverbale Kommunikation. Persen, Hamburg

Westdörp, A. (2010): Möglichkeiten des gezielten Einsatzes der Lehrersprache in kontext-optimierten Lernsituationen zum sprachfördernden Unterricht. In: Sprachheilarbeit, 55 (1), 2–8

www.abc-kindesvertretung.de/?page_id=469, 14.06.2017

www.fachdidaktik-einecke.de/7_Unterrichtsmethoden/untersgespraech_neu.htm, 14.06.2017

www.forrefs.de/grundschule/unterricht/unterricht-halten/lehrerverhalten/auf-die-persoenlichkeit-kommt-es-an.html, 14.06.2017

www.studienseminar-koblenz.de/medien/pflichtmodule_unterlagen/2004/8/02%20Gespraechsfuehrung%20im%20Unterricht%20-%20Skript.pdf, 14.06.2017

www.youtube.com/watch?v=lLYg9-WpOBI, 14.06.2017

6.4 Unterstützung eines kommunikationsfördernden Milieus und Kooperation

Neben den bisher dargestellten Bereichen des „Inklusiven Unterrichtsprofils Sprache und Kommunikation“ erweist sich auch die Unterstützung eines kommunikationsfördernden Milieus und die Kooperation innerhalb der Klasse als bedeutsam, da Sprache vor allem in bedeutungsvollen Kommunikationssituationen sowie in den Dimensionen des Hörens und Sprechens erworben wird. So kann sich ein einseitig und asymmetrisch auf das Zuhören ausgerichteter Vermittlungsstil erschwerend auf das sprachliche Lernen besonders von SchülerInnen mit sprachlich-kommunikativen Beeinträchtigungen auswirken. Das trifft vor allem auf die traditionellen Unterrichtsgespräche in Plenumsform zu, bei denen der Sprechanteil für das einzelne Kind gegenüber dem Redeumfang der Lehrkraft deutlich herabgesetzt ist (Becker 2007, Helmke 2010). Deshalb geben wir im Weiteren verschiedene Vorschläge zur Förderung der Schüler-Schüler-Kommunikation sowie der sprachlichen Kooperation aller am Lernprozess Beteiligten.

A) Echte Kommunikationssituationen

Echte und symmetrische Sprechanlässe

Zielgruppe:

Kinder mit Schwierigkeiten bei der einseitigen Schwerpunktsetzung des Zuhörens oder des Sprechens vor einer großen Gruppe

Förderziel:

Schaffen von echten, symmetrischen Sprechanlässen zur Erhöhung der Sprechanteile der SchülerInnen

Methode:

- **Partnergespräch über Vorerfahrungen:**
z.B. Die SchülerInnen tauschen sich im dreiminütigen Partnergespräch über ihre Vorerfahrung zum Sachunterrichtsthema „Wetter“ aus.
- **Bildbenennung ohne Einblick des anderen:**
z.B. Die SchülerInnen benennen das Bild der eigenen Memorykarte, das die anderen SpielerInnen beim „lebenden Memory“ (Kap. 6.1) nicht sehen können.
  → Eine *echte Kommunikation* besteht immer dann, wenn durch das Sprechen ein kommunikatives Ziel erreicht wird, wie etwa der Austausch von sachlichen Informationen oder persönlichen Befindlichkeiten. Dagegen ist eine Kommunikation als „nicht echt“ zu bezeichnen, wenn das Sprechen eigentlich überflüssig ist, weil der sprachliche Inhalt bereits bekannt ist und das Sprechen keine handlungswirksame Funktion erhält. Das Erzählen von Bildinhalten, wie etwa beim klassischen Memory (im Gegensatz zum „lebenden Memory“), wird letztlich nicht benötigt, um das Spiel durchzuführen und zum Ziel zu bringen. Schließlich haben alle SpielerInnen Einblick in die aufgedeckten Karten.
- **Partnerdialog:**
z.B. Im Partnerdialog beantworten die SchülerInnen die Fragestellung, welche Merkmale Nadelbäume bzw. Laubbäume aufweisen.
- **Gegenseitige Aufgaben:**
z.B. Zu Unterrichtsbeginn stellen sich die SchülerInnen gegenseitig Kopfrechenaufgaben im Mathematikunterricht.
  → Eine *Rollensymmetrie* besteht immer dann, wenn beide GesprächspartnerInnen abwechselnd gleiche Anteile des Sprechens und Zu-

hörens einnehmen. Demgegenüber erweist sich eine Kommunikationssituation als asymmetrisch, sobald die Rollen ungleich verteilt sind, wie beispielsweise beim Vortrag (dazu gehört auch das traditionelle Erzählen vom Wochenende im großen Klassenkreis).

B) Funktionaler Sprachgebrauch

Sprachliche Strukturen im Lernkontext

Zielgruppe:
Kinder mit Schwierigkeiten in der Umsetzung der Beziehung zwischen sprachlicher Form und Funktion bei sprachlich-kommunikativen Beeinträchtigungen

Förderziel:
Förderung der Umsetzung der Form-Funktions-Beziehung innerhalb des Wechsels zwischen Sprechen und Verstehen

Methode:

- **Begründungen**:
z.B. Die SchülerInnen erklären und begründen im Partnergespräch ihren Lösungsansatz im Mathematikunterricht mithilfe eines Nebensatzmodelles (Abb. 42): *„Ich rechne acht minus fünf, weil von acht Dosen fünf Dosen umgefallen sind."*
- **Anweisungen**:
z.B. Die SchülerInnen geben sich innerhalb der Aufwärmphase im Sportunterricht gegenseitig in Kleingruppen Bewegungsaufgaben aus einer Auswahl von Übungen (Abb. 43): *„Springe auf den Kasten!" „Springe auf dem Kasten!" „Springe auf die Matte!" „Springe auf der Matte!" „Springe auf das Brett!" „Springe auf dem Brett!"*

Abb. 42: Mathematisches Ereignis mit Dosen: „Acht minus fünf"

Abb. 43: Bewegungsaufgaben im Sportunterricht

C) Förderung des Problemlöseverhaltens der Lernenden

Impulse durch Gegenstände, Abbildungen oder Texte

Zielgruppe:
Kinder mit Schwierigkeiten der Übertragung verbaler Anweisungen in Handlungen bei sprachlich-kommunikativen Beeinträchtigungen

Förderziel:
Bewusstmachen von Problemstellungen durch das selbständige Erklären der SchülerInnen mit eigenen Worten

Methode:

- **Gegenstände**:
  z.B. Ein mit Wasser gefüllter Behälter sowie ein Holzstück, ein Korken, ein Nagel und ein Stein liegen auf dem Präsentationstisch zu Beginn der Sachunterrichtsstunde zum Versuch „Schwimmen und Sinken".
- **Abbildungen**:
  z.B. Eine provozierende Abbildung mit Gegenständen, die auf der Wasseroberfläche schwimmen, wie z.B. ein Holzstück, ein Korken, ein Nagel und ein Stein, wird vor dem Versuch zum Schwimmen und Sinken präsentiert (Abb.44).
- **Texte**:
  z.B. Vor dem Versuch zum Schwimmen und Sinken wird eine Audioaufnahme vorgespielt, in der sich zwei Kinder streiten, ob ein großer, schwerer Holzstamm im Wasser schwimmt und ein kleiner, leichter Stein im Wasser sinkt.

Abb.44: Abbildung zur Förderung des Problemlöseverhaltens zum Versuch des Schwimmens und Sinkens

D) Kooperative Gesprächsformen

Partner-, Gruppen-, Expertengespräche

Zielgruppe:
Kinder mit Hemmungen in Plenumsgesprächen

Förderziel:
Erhöhung des kooperativen Gesprächsanteils der SchülerInnen in unterschiedlichen Unterrichtsfächern

Methode:

- **Counseling**:
  z.B. Nach der Pause tauschen sich die Kinder in Partnergesprächen zwei Minuten über Erlebnisse auf dem Schulhof oder in der Pausenhalle aus.

→ gegenseitige Tipps oder Absprachen

– **Murmelgespräch:**
z.B. Für zweiminütige Partnergespräche gibt die LehrerIn den Auftrag, Dinge mit dem Anlaut „*k*“ zu nennen.

→ kurze Beantwortung einer Fragestellung

– **Ideengespräch:**
z.B. Jeweils drei SchülerInnen erhalten im Kleingruppengespräch zwei Bildkarten mit Hinweisen für eine mögliche Lösung, warum Holz im Wasser schwimmt und Steine im Wasser sinken (Abb. 45).

→ Lösungsfindung in der Kleingruppe

– **Schreibgespräch:**
z.B. Die SchülerInnen tauschen sich in einer Tischgruppe über das Für und Wider der Smartphone-Nutzung aus.

→ Austausch unterschiedlicher Ideen und Meinungen mit Wertschätzung und Festhalten aller Ergebnisse im Sinne einer Mind-Map

– **„Kugellager“:**
z.B. Am Ende der Unterrichtsstunde sitzen die SchülerInnen in einem Innen- und einem Außenkreis einander gegenüber. Sie sammeln möglichst viele Namen von Laub- und Nadelbaumsorten. Nach einer Minute wechseln die Kinder im Außenkreis jeweils einen Stuhl weiter im Uhrzeigerverlauf und erhalten somit neue GesprächspartnerInnen. Erneut nach einer Minute wechseln die Kinder im Innenkreis einen Stuhl entgegen des Uhrzeigerverlaufes für eine weitere Gesprächskonstellation. Nach diesem System kann der Partnerwechsel bei Bedarf mehrmals wiederholt werden.

→ Stoffsammlung, Ideensammlung, Wissenssammlung

– **„Lawine“:**
z.B. Ähnlich dem Prinzip „Think-Pair-Share“ („Vom Ich zum Du zum Wir“) beantwortet zunächst jedes Kind einzeln innerhalb einer festgelegten kurzen Zeit die Frage, welche Regeln aus seiner Sicht für die Klassengemeinschaft vereinbart werden sollten. Danach finden sich immer zwei SchülerInnen als PartnerInnen zusammen und besprechen innerhalb einer bestimmten Zeit die eingebrachten Überlegungen. Anschließend bilden wiederum jeweils zwei Partnergruppen eine neue größere Gesprächsgruppe, die sich auf gemeinsame Ansichten einigt. Schließlich stellen die Vierergruppen ihre Ergebnisse in der Klasse vor und diskutieren die verschiedenen Vorschläge zur weiteren Einigung innerhalb der gesamten Klasse.

→ Einigungsprozesse, Ergebnisklärungen in der Gemeinschaft

– **„Stop 'n' Movement“**:
z.B. Am Ende der Unterrichtseinheit zum Thema Märchen schreibt jedes Kind den Namen einer Märchenfigur auf eine Wortkarte und heftet diese an den Rücken eines anderen Kindes. Sodann bewegen sich die SchülerInnen zur Musik im Raum. Wenn die Musik stoppt, finden sich immer zwei SchülerInnen zusammen und versuchen, durch Fragen an die Gesprächspartnerin oder den Gesprächspartner herauszufinden, welche Figur sie sind (bzw. auf dem Rücken steht). Die GesprächspartnerInnen dürfen nur mit *„ja“* oder *„nein“* antworten. Beim weiteren Ertönen der Musik bewegen sich die Kinder wieder und suchen beim abermaligen Musik-Stopp eine neue Partnerin oder einen neuen Partner. Die Gesprächs- und Musik-Phasen wechseln sich mehrere Male ab.

→ Ergebnissicherung, Merkmale zu Bezeichnungen kombinieren

– **„Expertenkarussell“** bzw. **„Gruppenpuzzle“**:
z.B. In vier Kleingruppen erarbeiten die SchülerInnen arbeitsteilig jeweils eine der vier Schichten des Waldes, nämlich die Bodenschicht, die Krautschicht, die Strauchschicht und die Baumschicht. Alle Gruppen besprechen dabei die Lage der jeweiligen Schicht, die entsprechende Funktion, die ansässigen Pflanzen sowie die Tiere. Nach dieser Expertengruppenarbeit werden die Gruppen gemischt, so dass vier neue Kleingruppen mit jeweils mindestens einem Kind aus jeder Expertengruppe entstehen. Die Experten stellen in den Gruppen ihre Arbeitsergebnisse vor.

→ gegenseitiger Austausch von in Gruppen erarbeiteten Erkenntnissen und Produkten

Abb. 45: Bildkarten mit Hinweisen zur Lösung, warum Gegenstände im Wasser schwimmen oder sinken

E) Lernpatenschaften, Peers, Lernnetzwerke

Ressourcen der MitschülerInnen

Zielgruppe:
Kinder mit Unterstützungsbedarf im Lernen aufgrund sprachlich-kommunikativer Beeinträchtigungen

Förderziel:
Förderung von Lernprozessen durch Peers sowie SchülerInnen mit sprachlich-kommunikativem Modellpotenzial

Methode:

- **Persönliche RatgeberInnen**:
  Von den Kindern ausgewählte MitschülerInnen in epochalen (zeitlich festgelegten) Zuordnungen oder Fächerzuordnungen
- **Kooperationskultur in der Klasse**:
  Systematisch wechselnde Zuordnungen von Partnerkonstellationen in der Klasse durch Schülerauswahl (beispielsweise Konstellation A, B und C für ein Halbjahr als Grundlage für die Partnerarbeit)
- **Lernpatenschaften**:
  Nach Bedarf und auf freiwilliger Basis klassenübergreifend in der Schule oder für den privaten Übungsbereich (beispielsweise Patenschaften zwischen Klasse 1 und 3 bzw. 2 und 4), Unterstützung der LernpatInnen mit Tipps und Materialien durch die Lehrkräfte

F) Team-Teaching und Co-Teaching der Fachkräfte

Integrierte Sprachtherapie

Zielgruppe:
Kinder mit massiven Sprech-, Sprach-, Stimm-, Rede- und/oder Schluckstörungen

Förderziel:
Funktionale Anbindung von Therapieprozessen in der Anwendung im Unterricht

Methode:

Sprach- und Kommunikationstherapie durch LogopädInnen bzw. SprachtherapeutInnen innerhalb und außerhalb der Klasse (Kap. 7)

G) Partizipation der Lernenden und deren Bezugspersonen

Einbeziehung der SchülerInnen und Eltern

Zielgruppe:
Alle Kinder mit und ohne sprachlich-kommunikativen Beeinträchtigungen

Förderziel:
Ausbau und Aufrechterhaltung sprachlich-kommunikativer Kooperation

Methode:

- **SchülerInnen als Experten**:
Abgabe des Sprechanteils an die SchülerInnen zur selbständigen Formulierung (mit eigenen Worten) von Anweisungen und Aufgabenstellungen
- **Mitspracherecht der SchülerInnen**:
bei den eigenen Sprachförderzielen im Rahmen der Förderplanung
- **Eltern als Co-TherapeutInnen**:
Anlauttabellen in verschiedenen Sprachkontexten für die Eltern mit anderen Erstsprachen (Abb. 46)

Abb. 46: Bildbeispiel zum Anlaut „A" auf einer Anlauttabelle im türkischen Erstsprachkontext

H) Netzwerkgestaltung in Schule und Umfeld

Schulische und außerschulische Netzwerke

Zielgruppe:
Alle am sprachlich-kommunikativen Bildungsprozess der Kinder beteiligten Personen

Förderziel:
Wahrnehmung von Unterstützungs- und Kooperationsangeboten

Methode:

- **Kollegiale Einzelkontakte**:
Besprechungen zwischen Förderschullehrkraft und Regelschullehrkraft im individuellen Bedarfsrhythmus
- **Klassen-Lehrteam**:
Besprechungen mit Klassenlehrkraft, Förderschullehrkraft, Fachlehrkräften, pädagogischen MitarbeiterInnen und UnterrichtsbegleiterInnen im Quartalsrhythmus
- **Sonderpädagogische Beratungsstunden**:
im wöchentlichen Stundenplan verankert
- **Supervision**:
für Regelschullehrkräfte und Förderschullehrkräfte
- **Konferenzen und schulinterne Fortbildungen**:
zu sprachrelevanten Themen
- **Konzeptioneller Austausch in Schulverbünden**:
Konferenzen des sonderpädagogischen Fachpersonals
- **Zusammenarbeit mit Sprachtherapie**:
Konzept zum Einsatz von therapeutischen Fachkräften im Schulbetrieb, Beratung zu diagnostischen Einheiten in der Sprachtherapie-Praxis, Aufsuchen von Beratungsstellen und Einrichtungen mit diagnostischem Schwerpunkt
- **Kulturvereine**:
Austausch über Herkunftskulturen der SchülerInnen
- **Eltern-Workshops**:
Eltern als kooperierende häusliche Experten

Potthoff, U., Steck-Lüschow, A., Zitzke, E. (2003): Gespräche mit Kindern. Gesprächssituationen, Methoden, Übungen, Kniffe, Ideen. Cornelsen Scriptor, Berlin

Wagner, R. W. (2006): Mündliche Kommunikation in der Schule. Schöningh, Paderborn

www2.klett.de/sixcms/list.php?page=lehrwerk_extra&titelfamilie=&extra=&modul=-inhaltsammlung&inhalt=klett71prod_1.c.1780993.de&kapitel=1781005, 30.06.2017

www.germanistik-kommprojekt.uni-oldenburg.de/sites/2/2_03.htm, 14.06.2017

www.linse.uni-due.de/esel-seminararbeiten/articles/der-erzaehlkreis-foerderung-von-erzaehlkompetenz-in-der-grundschule.html, 14.06.2017

www.rshw.de/wp-content/uploads/2013/05/Kooperative-Lernformen-und-Sozialformen.pdf, 14.06.2017

www.paul-matthies.de/Schule/Allgemeines/Rollenkarten%20Gruppenarbeit.pdf, 14.06.2017

6.5 Förderung sprachlich-emotionaler Selbstkompetenz

Einen wichtigen fünften Bereich des „Inklusiven Unterrichtsprofils Sprache und Kommunikation" stellt schließlich die Förderung der sprachlich-emotionalen Selbstkompetenz dar. Lange Zeit wurde die Rolle emotionaler Faktoren im Spracherwerb viel zu wenig beachtet (Lüdtke 2006, 2010a). Doch mittlerweile werden Emotionen als entscheidende Organisatoren innerhalb des Spracherwerbs und der Kommunikation verstanden. Relationale Emotionen wie beispielsweise Zuneigung, Stolz oder Besorgtheit bewegen uns dazu, mit anderen Menschen in Kontakt zu treten, uns mitzuteilen und auszutauschen. Dazu vermitteln wir einen äußerlich wahrnehmbaren Emotionsausdruck wie etwa durch Mimik und Gestik oder durch die Stimme (Lüdtke 2006, 2012a, 2016). Somit werden eigene Motive formuliert, emotionale Antworten provoziert, Absichten und Gefühle des Gegenübers erkannt und beantwortet. Diese Aspekte treten ebenso im Unterricht auf und sind entsprechend von der Lehrperson zu berücksichtigen. Dementsprechend werden im Folgenden vielfältige Hinweise gegeben, wie die sprachlich-emotionale Selbstkompetenz bei SchülerInnen gefördert werden kann.

A) Anerkennung des individuellen Sprachverhaltens

Einbezug aller sprachlichen Möglichkeiten des Kindes

Zielgruppe:
Kinder mit Beeinträchtigungen im sprachlichen Ausdruck

Förderziel:
Förderung aller sprachlichen Dimensionen der SchülerInnen im Unterricht

Methode:

- **„Idiolekt“:**
z. B. Ein Kind beschreibt im Erzählkreis sein Erlebnis vom Wochenende mit umgangssprachlichen Formulierungen und ungebräuchlichen eigenen Wortschöpfungen, z. B. *„Spidie“* für Spiderman. Die Lehrkraft zeigt ihr Interesse am Inhalt der Erzählung und hebt die Kreativität des Kindes hervor, anstatt die Abweichungen zu korrigieren.
- **„Kontextualisierung“:**
z. B. Ein Kind vermag im Sachunterricht den Versuch zum Schwimmen und Sinken nicht präzise genug zu erklären. Die Lehrkraft ermutigt das Kind, den Vorgang statt mit Worten mit den entsprechenden Materialien zu demonstrieren.

B) Förderung des sprachlichen Selbstausdrucks

Szenische Präsentationen

Zielgruppe:
Kinder mit Unsicherheiten im sprachlichen Selbstausdruck

Förderziel:
Förderung der Selbstdarstellungsfähigkeiten durch den Einsatz stimmlicher, körperlicher und gegenständlicher Mittel

Methode:

- **Rollenspiele:**
z. B. Die SchülerInnen spielen im Deutschunterricht den Inhalt einer Fabel

in den Rollen der vorkommenden Tiere. Durch Stimmimitationen sowie durch Darstellung mit Mimik, Gestik und Bewegung verdeutlichen die RollenspielerInnen die Charaktere der Tiere.

– **Darstellendes Spiel**:

z. B. Die Welt der Ritter wird von der Klasse in einem kleinen Theaterstück dargestellt und nachempfunden. Zusätzlich zur Sprache, Stimme, Mimik, Gestik und Bewegung werden Kostüme, Masken und Requisiten verwendet. Außerdem kann beispielsweise mit dem Einsatz von Tüchern eine besondere darstellerische Wirkung erzeugt werden (wild bewegte Tuchbahnen als theatraler Ausdruck von Kriegswirren im Mittelalter).

C) Förderung sprachlicher Selbstkompetenz

Sprachliche Kompetenzerfahrungen

Zielgruppe:
Kinder mit geringer sprachlicher Selbstkompetenz

Förderziel:
Förderung der Kompetenzerfahrungen, indem die SchülerInnen einen Wissensvorsprung gegenüber den anderen ausbauen

Methode:

Vorstellen von Quizaufgaben:

z. B. Im Rahmen der Tagesplanarbeit entwerfen die SchülerInnen Rateaufgaben zum Thema der Unterrichtseinheit „Der Wald als Lebensraum“ für die anderen Kinder der Klasse.

D) Berücksichtigung der Interessen Lernender

Interessenorientierung

Zielgruppe:
Kinder mit geringer Motivation zur sprachlichen Präsentation

Förderziel:
Förderung sprachlicher Auseinandersetzung und Präsentation durch exemplarisches Lernen am Gegenstand im eigenen Interessenbereich

Methode:

Individuelle Aufgaben:

z.B. Zum Thema „Heimtiere" im Sachunterricht wird den SchülerInnen offengehalten, mit welchem Tier sie sich näher beschäftigen möchten. Jedes Kind recherchiert und erarbeitet Inhalte zu einer selbst ausgewählten Heimtierart. In Form eines Plakates werden die Ergebnisse präsentiert.

E) Affektive Momente im Unterrichtsgegenstand

Affektive Lerninhalte

Zielgruppe:
Kinder mit geringer sprachlicher Beteiligung

Förderziel:
Förderung der sprachlichen Beteiligung der SchülerInnen durch das Erzeugen einer Erwartungshaltung und eines Spannungsbogens im Lerngegenstand

Methode:

Positive Herausforderungen:

z.B. Die SchülerInnen spielen im Mathematikunterricht zum Thema „Zufall und Wahrscheinlichkeit" in Dreiergruppen eine Spielanordnung mit zwei Würfeln. Jeder Spieler bekommt eine bestimmte Gruppe von Augensummen zugeordnet: Spieler 1 = Augensummen 1, 2, 3, 4; Spieler 2 = Augensummen 5, 6, 7, 8; Spieler 3= Augensummen 9, 10, 11, 12. Die Spieler erhalten dann einen Punkt, wenn eine Augensumme der eigenen Gruppe gewürfelt wurde. Aufgrund der Möglichkeiten gewürfelter Augensummen (Abb. 47) entsteht ein Ungleichgewicht in den Spielchancen. Diese ungerechte Chancenverteilung regt die SchülerInnen dazu an, die Wahrscheinlichkeitsverteilung näher zu überprüfen.

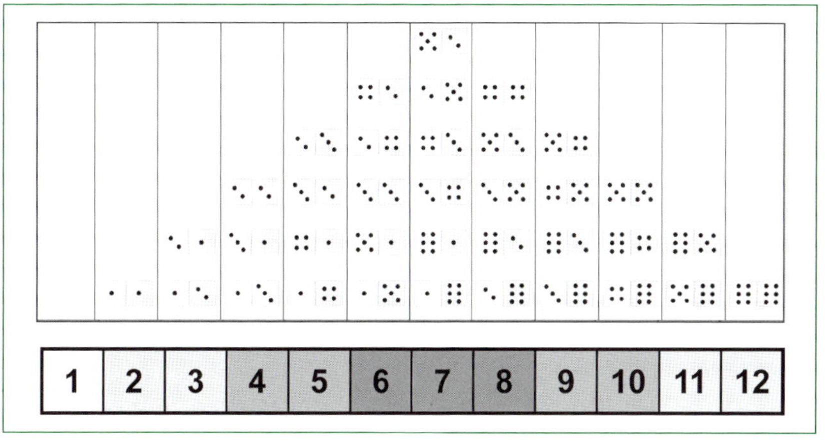

Abb. 47: Möglichkeiten gewürfelter Augensummen beim Würfeln mit zwei Würfeln (modifiziert nach Stitzinger/Bechstein 2013)

F) Rückzugsmöglichkeiten und Safe Places

Partner- und Kleingruppenkonstellationen

Zielgruppe:
Kinder mit Redefluss- und/oder Kommunikationsstörungen

Förderziel:
Bearbeitung und Beantwortung von Fragestellungen in „geschützten" Partner- und Kleingruppenkonstellationen

Methode:

– **Vertrauensperson**:
Kinder mit Mutismus beantworten Fragen der Lehrkraft nicht im Plenum, sondern ziehen sich mit MitschülerInnen zum Dialog auf den Flur zurück. Häufig sprechen Kinder mit Mutismus in unbeobachteten Situationen zu bestimmten MitschülerInnen, so dass diese Vertrauenspersonen im Anschluss an das Gespräch der Klasse eine Antwort mitteilen können.

– **„Safe Place"**:
Bevor Fragen der Lehrkraft im Plenum beantwortet werden, tauschen sich die SchülerInnen in Kleingruppen aus und besprechen ihre Ideen. Kinder mit Stottersymptomen können sich damit leichter öffnen und teilweise entspannter sprechen.

G) Peer-Interaktion im sprachlich-kulturellen Matching

Arbeiten in Peergruppen

Zielgruppe:
Kinder mit Mehrsprachigkeitserwerb und Migrations- bzw. Fluchthintergrund

Förderziel:
Gegenseitige sprachliche Unterstützung der Kinder als Peers

Methode:

Sprachlich-kulturelle Peergruppen:

Kinder im gleichen Alter und mit ähnlichen Erfahrungshintergründen wie etwa eine gemeinsame Erstsprache und Herkunftskultur (sprachlich-kulturelles *Matching*) führen zusammen in der Peer-Interaktion eine Konstruktionsaufgabe oder einen Versuch durch.

H) Wertschätzung und Einbezug sprachlich-kultureller Vielfalt

Einbezug von Mehrsprachigkeit und Herkunftskulturen

Zielgruppe:
Kinder mit verschiedenen sprachlichen Konstellationen und kulturellen Bezügen

Förderziel:
Wertschätzung und Akzeptanz der Mehrsprachigkeit und Interkulturalität bei SchülerInnen als Normalität

Methode:

- **Märchen aus anderen Kulturen:**
Textteile von Märchen aus anderen Ländern und Kulturkreisen in der Originalsprache lesen und untersuchen
- **Mehrsprachige Wörterbücher:**

Herstellen von mehrsprachigen Wörterbüchern mit dem Wortschatz aller SchülerInnen einer Klasse

– **Erstsprachen an der Tafel**:

Beschriftungen von Sachzusammenhängen an der Tafel bei Bedarf auch in den Erstsprachen der mehrsprachigen SchülerInnen (Lüdtke/Stitzinger 2016b)

Erkert, A. (2009): Streiten – Helfen – Freunde sein: Spiele, Lieder und anregende Angebote zur Förderung von Toleranz, emotionaler und sozialer Kompetenz in Kindergarten und Grundschule. Ökotopia, Aachen

Kellermann, I. (2012). Emotionen-Formen-Gesten. Ein ethnographischer Blick auf verborgene Dimensionen von Unterricht. Zeitschrift für Erziehungswissenschaft 15 (1). Wiesbaden: VS Verlag. 97–114.

Lüdtke, U. (2012a): Emotion und Sprache: Theoretische Grundlagen für die logopädisch-sprachtherapeutische Praxis. In: SAL-Bulletin 143 (3), 5–22

Protze, M. (2015): Wertschätzung und Persönlichkeitsentwicklung in der Grundschule: Welchen Einfluss Lehrerhaltungen auf Kinder haben. Optimus Mostafa, Göttingen

www.balu-und-du.de/home/, 14.06.2017

www.beltz.de/fileadmin/beltz/kostenlose-downloads/9783407255488.pdf, 14.06.2017

www.bildungsserver.de/Interkulturelle-Materialsammlungen-3332.html, 14.06.2017

www.friedensbuero-graz.at/cms/fileadmin/user_upload/Schule/Materialien/VS/08-C_VS-Spiele_Kommunikation_kl.pdf, 14.06.2017

www.sachsen-anhalt.ganztaegig-lernen.de/sites/default/files/IBBW%20Material%20Wertsch%C3%A4tzende%20Erziehung.pdf, 14.06.2017

www.sachsen-anhalt.ganztaegig-lernen.de/sites/default/files/IBBW%20Material%20Interkultureller%20Unterricht.pdf, 14.06.2017

www.wilhelm-wagener-schule.de/wp-content/uploads/2011/07/DOM_klein.pdf, 14.06.2017

7 Interprofessionelle Kooperation

Die besten Ideen und Vorschläge für einen sprach- und kommunikationsfördernden Unterricht haben wenig Wert, wenn die Umsetzungen an den Lehrbedingungen in der inklusiven Schule scheitern. Sprachspezifisch ausgerichtete konzeptionelle, materielle und personelle Ressourcen sind notwendig, damit die Herausforderungen einer sprachlich-kommunikativ heterogenen Schülerschaft zu bewältigen sind und die am Lehr-Lernprozess Beteiligten nicht überfordert werden. Wie bereits an einigen Stellen in diesem Buch angesprochen, kann hierzu die interprofessionelle Kooperation eine deutliche Hilfe leisten. Deshalb wenden wir uns in diesem letzten Kapitel den Überlegungen zu, welche Unterstützungsmöglichkeiten durch die Zusammenarbeit von Fachkräften zur Förderung von Sprache und Kommunikation im Unterricht vorteilhaft sind:

- Mit welchen Formen des Team-Teachings können sprachlich-kommunikative Unterstützungen der SchülerInnen umgesetzt werden? (Kap. 7.1)
- Unter welchen Bedingungen kann die Kooperation in der inklusiven Schule gelingen? (Kap. 7.2)

7.1 Formen des Team-Teachings

Im Folgenden werden sieben Team-Teaching-Formen im Hinblick auf sprachlich-kommunikative Förder- und Unterstützungsmöglichkeiten im Unterricht aufgeführt und exemplarisch an jeweils einem Beispiel der interprofessionellen Kooperation zwischen der Grundschullehrerin Frau Mahler (Kap. 1) und der Sonderpädagogin Frau Hoffmann (Kap. 1) erläutert (Abb. 48).

Abb. 48: Interprofessionelle Kooperation

One Teach, One Observe – Lehrende und Beobachtende

Die Lehrerin **Frau Mahler** beabsichtigt, im Deutschunterricht die Satzarten einzuführen, um eine Grundlage für die korrekte Zeichensetzung zu schaffen. Die Lehrerin ist sich jedoch bei einigen mehrsprachigen Kindern nicht sicher, ob diese SchülerInnen alle Bezeichnungen tatsächlich verstehen werden. Deshalb vereinbart sie mit der Sonderpädagogin **Frau Hoffmann**, dass sie genaue Beobachtungen hinsichtlich des Sprachverstehens der entsprechenden Kinder während einer Unterrichtsstunde vornehmen soll.

Lehrende und Beobachtende

Bei dieser Form der Zusammenarbeit übernimmt eine Lehrkraft die primäre Verantwortung bei der Durchführung des Unterrichts. Die andere Lehrkraft beobachtet das sprachlich-kommunikative Lernverhalten der SchülerInnen oder das Lehrverhalten und die Sprache der unterrichtenden Lehrkraft (Abb. 49).

Abb. 49: One Teach, One Observe – Lehrende und Beobachtende

One Teach, One Drift – Lehrende und Helfende

Im Mathematikunterricht arbeitet **Frau Mahler** mit der Klasse an der Hundertertafel. Dabei soll das Stellenwertsystem mit Einern und Zehnern gefestigt werden. Da einige Kinder mit Sprachentwicklungsstörungen hierbei Probleme haben, gibt die in der Stunde anwesende **Sonderpädagogin** einigen SchülerInnen Hilfen zum genauen Abhören der Zahl-Endungen *„-zehn“* und *„-zig“* sowie zum Verständnis der Bedeutung *„gerade“* und *„ungerade“* Zahl.

Lehrende und Helfende

Abb. 50: One Teach, One Drift – Lehrende und Helfende

Auch bei dieser Form der fachlichen Kooperation übernimmt eine Lehrkraft die primäre Lenkung des Unterrichts. Die andere Lehrkraft unterstützt die SchülerInnen bei der Verwirklichung ihrer kommunikativen Absichten und bei der sprachlichen Verarbeitung (Abb. 50).

Station-Teaching – Stationsunterricht

Zum Sachunterrichtsthema „Der Wald als Lebensraum“ führt **Frau Mahler** mehrere Unterrichtsstunden methodisch im Rahmen von Lernstationen durch. An unterschiedlichen Gruppentischen bearbeiten die SchülerInnen Teilbereiche des Themas. In einer der Unterrichtsstunden betreut die Sonderpädagogin **Frau Hoffmann** die Station zu den Waldtieren. Sie unterstützt einige Kinder mit Schwierigkeiten beim Einprägen und Zuordnen der Tierbezeichnungen durch das explizite Hervorheben von Anfangslauten und Artikeln. An dieser Station werden auch ein Merkspiel mit Tierbildern und das blitzartige Verdecken der Tiernamen durchgeführt.

Stationsunterricht

Beim Stationenlernen wird der Unterrichtsinhalt in verschiedene Bereiche gegliedert. Die SchülerInnen wechseln in Kleingruppen von Station zu Station. Die kooperierenden Lehrkräfte betreuen mit unterschiedlichen Unterstützungsmöglichkeiten die Stationen, sodass alle SchülerInnen nacheinander von beiden Lehrkräften unterrichtet werden (Abb. 51).

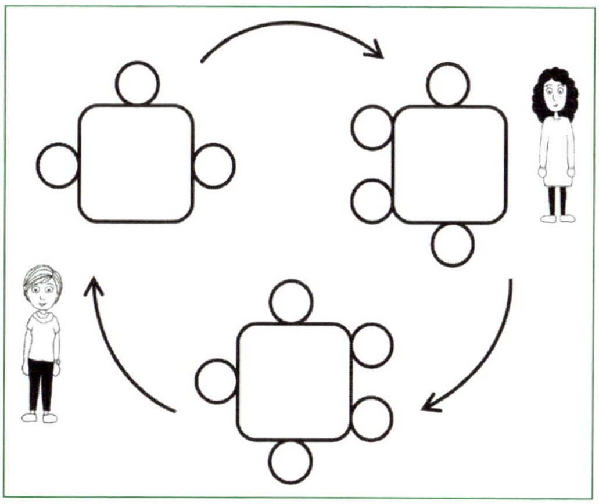

Abb. 51: Station-Teaching – Stationsunterricht

Parallel Teaching – Parallelunterricht

Zur Durchführung des Versuches zum Schwimmen und Sinken bestimmter Materialien im Wasser wird die Klasse in zwei Lerngruppen aufgeteilt. Die eine Gruppe wird von **Frau Mahler** und die andere Gruppe von **Frau Hoffmann** unterrichtet. Die Gruppeneinteilung wird von den Lehrerinnen hinsichtlich vorteilhafter Peergruppierungen vorgenommen. Damit wird zum einen das Gruppengeschehen übersichtlicher. Zum anderen erhalten Kinder mit Sprachentwicklungsstörungen wirksame sprachliche Modelle von ihren MitschülerInnen im morphologisch-syntaktischen sowie im semantisch-lexikalischen Bereich zur Beschreibung des Versuches.

Parallelunterricht

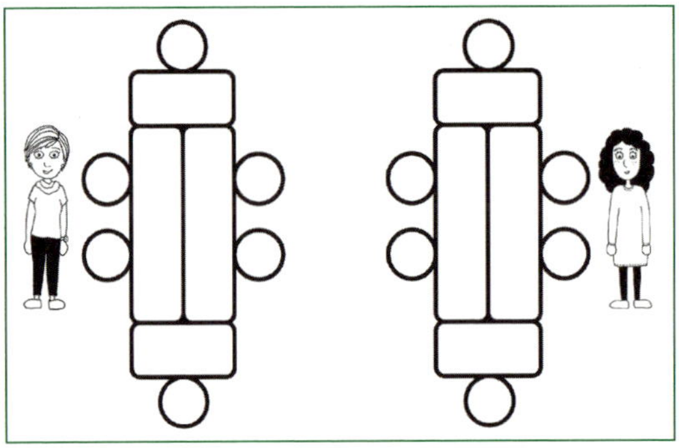

Abb. 52: Parallel Teaching – Parallelunterricht

Jede Lehrkraft unterrichtet in dieser Kooperationsform eine Klassenhälfte. Beide Lehrkräfte beziehen sich auf dieselben Unterrichtsinhalte. Ein Vorteil der Gruppenaufteilung liegt in der Möglichkeit gezielter Schüler-Schüler-Zusammensetzungen und des Einsatzes spezifischer Lehrerkompetenzen (Abb. 52).

Remedial Teaching – Niveaudifferenzierter Unterricht

Zur Verknüpfung von Additions- und Subtraktionsaufgaben mit lebenspraktischen Kontexten werden den SchülerInnen im Unterricht Textaufgaben gestellt. Dazu arbeitet **Frau Mahler** mit einer großen Gruppe von Kindern, die die Aufgaben aus dem Lehrbuch ohne Probleme lösen können. Die Sonderpädagogin **Frau Hoffmann** bereitet den Unterricht für eine kleinere Gruppe auf. Vor allem auf handelnder Ebene verdeutlicht sie den Kindern mit semantisch-lexikalischen Verarbeitungsschwierigkeiten die Bedeutung der Begriffe, die im Text als Synonyme für das Addieren und Subtrahieren gebraucht werden.

Niveaudifferenzierter Unterricht

Die pädagogische Zusammenarbeit der Fachkräfte erfolgt bei diesem Beispiel, indem eine Lehrkraft die Gruppe von SchülerInnen unterrichtet, die den Unterrichtsinhalt auf abstraktem Niveau bewältigen können. Die andere

Lehrkraft arbeitet mit ausgewählten SchülerInnen auf einem konkreten Niveau, um sprachliche Inhalte besser verstehbar zu machen (Abb. 53).

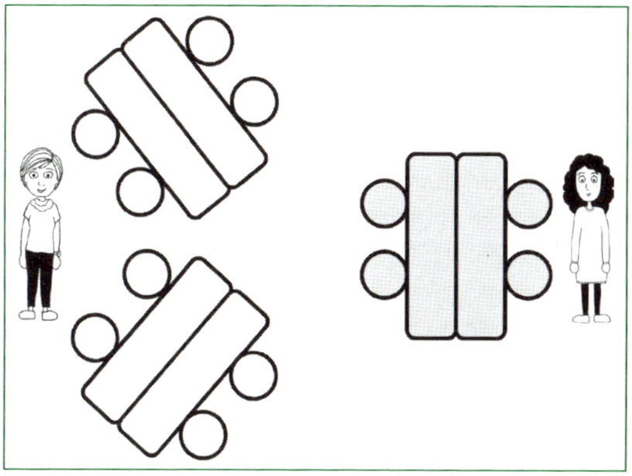

Abb. 53: Remedial Teaching – Niveaudifferenzierter Unterricht

Supplemental Teaching – Zusatzunterricht

Bei der Wochenplanarbeit wird **Frau Mahler** in einer Unterrichtsstunde von **Frau Hoffmann** unterstützt. Die Sonderpädagogin übt mit SchülerInnen mit phonologischen Störungen innerhalb eines Kleingruppenangebotes im Bereich der Lautdifferenzierung. Sie setzt ein Spiel mit Minimalpaaren ein, mit dem die Kinder Einsicht in den bedeutungstragenden Unterschied von stimmhaften und stimmlosen Lauten, wie z. B. „*Garten – Karten*“ oder „*backen – packen*“ bekommen. Ein Kind in dieser Gruppe erhält zusätzlich einmal in der Woche für 45 Minuten Sprachtherapie von einer Logopädin, die sich mit Frau Mahler und Frau Hoffmann zwei-monatlich zur Therapie- und Förderplanung abspricht. Somit gelingt es diesem Kind und den anderen Kindern der Kleingruppe zunehmend besser, die falsche Phonem-Graphem-Zuordnung von „*g*“, „*k*“, „*b*“ und „*p*“ bei freien Schreibaufgaben im Wochenplan zu überwinden.

Zusatzunterricht

Innerhalb dieser Kooperationsform führt eine Lehrkraft die Unterrichtsstunde durch. Die andere Lehrkraft bietet zusätzliches Material und differenzierte Hilfen für die SchülerInnen an, die die Unterrichtsinhalte nur mit zusätzlicher sprachlicher Unterstützung bewältigen können (Abb. 54).

Abb. 54: Supplemental Teaching – Zusatzunterricht

Team-Teaching

In der Einführungsstunde zur Unterrichtseinheit „Märchen" wird die Klasse von der Grundschullehrerin **Frau Mahler** und der Sonderpädagogin **Frau Hoffmann** zusammen unterrichtet. Die beiden Pädagoginnen beginnen den gemeinsamen Unterricht mit einem mit Klebezetteln abgedeckten Bild einer Fee, das schrittweise sichtbar gemacht und erraten wird. Dann führt Frau Mahler federführend in das Thema ein, indem sie Abbildungen von Märchenfiguren im Sitzkreis präsentiert und ein Murmelgespräch zu den Vorerfahrungen der SchülerInnen anleitet. Anschließend übernimmt Frau Hoffmann die Gesprächsleitung und lässt die Kinder anhand von bereitgestellten Materialien (Zeichenpapier, Farbstifte, Wortkarte mit der Aufschrift *„Mein Lieblingsmärchen"*, Bildkarte mit zwei Sprechblasen) den Arbeitsauftrag formulieren. Dabei nimmt sie Möglichkeiten des Modellierens wahr. Während der Arbeitsphase geben beide Lehrerinnen individuelle Hilfestellungen zur sprachlich-kommunikativen Realisierung der Kinder. Nachdem sich die SchülerInnen im Partnergespräch ihr Lieblingsmärchen gegenseitig vorgestellt haben, regt Frau Hoffmann im Rahmen der Präsentation aller angefertigten Märchenplakate einzelne Kinder an, der Klasse ein Rätsel zu einer Figur zu stellen. Dabei gibt sie ein Satzmodell in die Runde: *„Ich sehe eine Märchenfigur, die …"*

Das letzte Beispiel stellt die „Königsdisziplin" des gemeinsamen Unterrichts dar. Dazu führen zwei Lehrkräfte den Unterricht mit allen SchülerInnen gemeinsam durch, indem sie zusammen oder abwechselnd die Unterrichtsführung übernehmen und hierbei ihre jeweilige Expertise einbringen (Abb. 55).

Gemeinsamer Unterricht

Abb. 55: Team-Teaching

Krämer-Kiliç, I. (2009): Zwei Pädagogen unterrichten gemeinsam (Teamteaching) – Aspekte zur Umsetzung im gemeinsamen Unterricht (Inklusion). bidok-Volltextbibliothek, Innsbruck. In: http://bidok.uibk.ac.at/library/kraemerkilic-teamteaching.html, 14.06.2017

Krämer-Kiliç, I., Albers, T., Kiehl-Will, A., Lühmann, S. (2014): Gemeinsam besser unterrichten. Teamteaching im inklusiven Klassenzimmer. Verlag an der Ruhr, Mülheim a.d.R.

Reber, K., Schönauer-Schneider, W. (2014): Bausteine sprachheilpädagogischen Unterrichts. 3. Aufl. Ernst Reinhardt, München/Basel

7.2 Gelingensbedingungen zur Kooperation

Damit die Kooperation in der inklusiven Schule zwischen den verschiedenen Fachkräften, insbesondere zwischen der GrundschullehrerIn und der SonderpädagogIn sowie der LogopädIn bzw. der SprachtherapeutIn, gelingen kann, müssen fachliche Erfahrungen und Kenntnisse von allen Beteiligten konstruktiv eingebracht und ausgetauscht werden. Dabei handelt es sich um unterschiedliche Expertisen, die komplementär als jeweilige Kernkompetenzen zum Einsatz kommen und im Transfer den jeweiligen anderen Berufsgrup-

komplementäre Kompetenzen

pen zur Erweiterung inklusiver Professionalität dienen können. Während die Grundschullehrkräfte stärker den qualifizierten fachdidaktischen Blick einnehmen und besondere Kenner der eigenen Lerngruppe sind, verstehen sich sonderpädagogische Fachkräfte vorwiegend als Experten in spezifischen Förder- und Unterstützungsschwerpunkten, z. B. Sprache und Kommunikation. Ferner sind LogopädInnen und SprachtherapeutInnen spezielle Fachleute für sprachtherapeutische und rehabilitative Prozesse (Lüdtke 2015).

Teamstrukturen

Neben den Kernkompetenzen und inklusiv erweiterten Kompetenzen jeder Fachperson sind weiterhin Qualifikationen zur Begleitung von Team-Prozessen, zur Durchführung von Beratung und zur Koordination von Fördermaßnahmen erforderlich. So sollten auch kollegiale Beratungsstrukturen aufgebaut und das professionelle Rollenverständnis im Hinblick auf Co-Teaching und Team-Teaching ausgeweitet werden. Hierzu ist eine kritische Reflexion tradierter Rollenbilder von Lehrkräften notwendig. Schließlich gilt es auch, das pädagogische Management im Bereich klassenübergreifender und außerschulischer Zusammenhänge zu vervollkommnen (Stitzinger 2013a).

Auf den Punkt gebracht!

- Die Unterstützung von SchülerInnen mit sprachlich-kommunikativen Beeinträchtigungen kann weder allein von GrundschullehrerInnen noch allein von Lehrkräften für Sonderpädagogik getragen werden.
- Grundschullehrkräfte können jedoch ein Grundrepertoire in der sprachlich-kommunikativen Unterstützung im Unterricht aufbauen und umsetzen, das durch Maßnahmen von SonderpädagogInnen mit dem Förderschwerpunkt Sprache sowie LogopädInnen und SprachtherapeutInnen ergänzt und begleitet wird.

Lüdtke, U. (2015): Unterrichtsintegrierte Sprachtherapie als Baustein eines multiprofessionellen Angebots in inklusiven schulischen Kontexten. In: Grohnfeldt, M. (Hrsg.): Inklusion in Schule und Gesellschaft. Bd. 11. Inklusion im Förderschwerpunkt Sprache. Kohlhammer, Stuttgart, 37–75

Stitzinger, U. (2013a): Prävention und Inklusion durch netzwerkbezogene, fachberatende Mobile Dienste im schulischen Unterstützungsprofil Sprache und Kommunikation. In: Zeitschrift für Heilpädagogik 64 (8), 304–310

Literatur

Bahr, R. (2006): Schweigende Kinder verstehen – Kommunikation und Bewältigung beim selektiven Mutismus. 4. Aufl. Winter, Heidelberg

Bartolomé, G., Neumann, S. (2013): Physiologie des Schluckvorgangs. In: Bartolome, G., Schröter-Morasch, H. (Hrsg.): Schluckstörungen – Diagnostik und Rehabilitation. 5. Aufl. Urban u. Fischer, München

Becker, G. E. (2007): Handlungsorientierte Didaktik. Teil II: Unterricht durchführen. 9. Aufl. Beltz, Weinheim

Bönsch, M. (2006): Allgemeine Didaktik. Ein Handbuch zur Wissenschaft vom Unterricht. Kohlhammer, Stuttgart

Chilla, S., Niebuhr-Siebert, S. (2016): Mehrsprachigkeit in der KiTa. Kohlhammer, Stuttgart

Conti-Ramsden, G., Durkin, K., Simkin, Z., Knox, E. (2008): Specific language impairment and school outcomes. I: identifying and explaining variability at the end of compulsory education. In: International Journal of Language & Communication Disorders 44 (1), 15–35

Dannenbauer, F. M. (2009): Spezifische Sprachentwicklungsstörung. In: Grohnfeldt, M. (Hrsg.): Lehrbuch der Sprachheilpädagogik und Logopädie. Bd. 2. Erscheinungsformen und Störungsbilder. 3. Aufl. Kohlhammer, Stuttgart, 50–75

Daum, O., Stitzinger, U. (2010): „o oder o?" – zur Sensibilisierung für die Vokalqualität im frühen Schriftsprachlernen. In: Frontzek, G. (Hrsg.): Zur Sprache bringen – Disziplinen im Dialog. Wilke, Hamm, 291–299

Deutsches Institut für Medizinische Dokumentation und Information (DIMDI) (2005) (Hrsg.): Internationale Klassifikation der Funktionsfähigkeit, Behinderung und Gesundheit (ICF). Abdruck mit freundlicher Erlaubnis der Weltgesundheitsorganisation (WHO). In: http://www.dimdi.de/dynamic/de/klassi/downloadcenter/icf/stand2005/, 28.03.2017

Dupuis, G. (2012): Medien. In: Braun, O., Lüdtke, U. (Hrsg.): Behinderung, Bildung, Partizipation. Enzyklopädisches Handbuch der Behindertenpädagogik. Bd. 8. Sprache und Kommunikation. Kohlhammer, Stuttgart, 542–549

Ehlert, H. (2014): Diagnostische Ansätze im Bereich Kindersprachtherapie. Einsatzmöglichkeiten und Grenzen unter Betrachtung ihrer unterschiedlichen Referenzpunkte. Forum Logopädie 28 (1), 16–21

Fiori, A., Deuster, D. (2012): Stimmstörungen. In: Braun, O., Lüdtke, U. (Hrsg.): Behinderung, Bildung, Partizipation. Enzyklopädisches Handbuch der Behindertenpädagogik. Bd. 8. Sprache und Kommunikation. Kohlhammer, Stuttgart, 298–389

Fiori, A., Zehnhoff-Dinnesen, A. G. am (2012): Aussprachestörungen. In: Braun, O., Lüdtke, U. (Hrsg.): Behinderung, Bildung, Partizipation. Enzyklopädisches Handbuch der Behindertenpädagogik. Bd. 8. Sprache und Kommunikation. Kohlhammer, Stuttgart, 347–363

Glück, C. W., Mußmann, J. (2009): Inklusive Bildung braucht exklusive Professionalität – Entwurf für eine „Inklusive Sprachheilpädagogik". Sprachheilarbeit 54 (5), 212–219

Helmke, A. (2010): Unterrichtsqualität und Lehrerprofessionalität. Diagnose, Evaluation und Verbesserung des Unterrichts. 4. Aufl. Kallmeyer, Seelze

Hoffmann, Petra (2015): Der Klassenraum als dritter Pädagoge. Gestaltung und Einfluss des Klassenzimmers auf Schüler und Lehrer. Diplomica, Hamburg

Jahn, T. (2006): Phonologische Störungen bei Kindern. Diagnostik und Therapie. 2. Aufl. Thieme, Stuttgart

Kaiser-Feuerlein, F. (2008): Dysgrammatische Sprache – dysgrammatisches Spiel. Dezentrierungs- und Strukturierungsleistungen bei spracherwerbsauffälligen Vorschulkindern. L.O.G.O.S. Interdisziplinär 16 (1), 4–12

Katz-Bernstein, N. (2007): Selektiver Mutismus bei Kindern. Erscheinungsbilder, Diagnostik, Therapie. 3. Aufl. Ernst Reinhardt, München/Basel

Kauschke, C., Huber, W., Domahs, F. (2012): Spracherwerb und Sprachverlust. In: Braun, O., Lüdtke, U. (Hrsg.): Behinderung, Bildung, Partizipation. Enzyklopädisches Handbuch der Behindertenpädagogik. Bd. 8. Sprache und Kommunikation. Kohlhammer, Stuttgart, 246–276

Kiel, E. (2005): Mehrsprachigkeit und Identität als politisch-pädagogisches Problem. In: Grohnfeldt, M., Triarchi-Herrmann, V., Wagner, L. (Hrsg.): Mehrsprachigkeit als sprachheilpädagogische Aufgabenstellung. Edition von Freisleben, Würzburg, 107–125

Kleinert, E. (2004): Mathematik für Philosophen. Leipziger Universitätsverlag, Leipzig

Knebel, U. v. (2010): Auf dem Weg zu einer inklusionstauglichen Diagnostik. Entwicklungsnotwendigkeiten und Orientierungsgrundlagen – exemplarisch konkretisiert für den Förderschwerpunkt Sprache. Sonderpädagogische Förderung heute 55 (3), 231–251

Kracht, A., Rothweiler, M. (2003): Diagnostische Fragen zur kindlichen Grammatikentwicklung im Kontext von Mehrsprachigkeit. In: Warzecha, B. (Hrsg.): Heterogenität macht Schule. Beiträge aus sonderpädagogischer und interkultureller Perspektive. Waxmann, Münster, 189–204

Kriebel, R. (2014): Sprechangst. In: Grohnfeldt, M. (Hrsg.): Grundwissen der Sprachheilpädagogik und Sprachtherapie. Kohlhammer, Stuttgart, 259–267

Kroffke, S., Rothweiler, M. (2004): Sprachmodi im kindlichen Zweitspracherwerb. Die Sprachheilarbeit 49 (1), 18–23

Kultusministerkonferenz (KMK) (2011): Inklusive Bildung von Kindern und Jugendlichen mit Behinderungen in Schulen. In: https://www.kmk.org/fileadmin/Dateien/veroeffentlichungen_beschluesse/2011/2011_10_20-Inklusive-Bildung.pdf, 28.03.2017

Lauer, N. (2014): Zentral-auditive Verarbeitungsstörungen im Kindesalter. 4. Aufl. Thieme, Stuttgart

Lüdtke, U. (2016): Sprache – Emotion – Kontext. Zur Rekonzeptualisierung der frühkindlichen Kommunikations- und Sprachentwicklung aus Sicht der ‚Relationalen Sprachtheorie'. In: Mazurkiewicz-Sokolowska, J., Sulikowska, A., Westphal, W. (Hrsg.): Chancen und Perspektiven einer Emotionslinguistik. Kovac, Hamburg, 127–151

Lüdtke, U. (2015): Unterrichtsintegrierte Sprachtherapie als Baustein eines multiprofessionellen Angebots in inklusiven schulischen Kontexten. In: Grohnfeldt, M. (Hrsg.): Inklusion in Schule und Gesellschaft. Bd. 11. Inklusion im Förderschwerpunkt Sprache. Kohlhammer, Stuttgart, 37–75

Lüdtke, U. (2012a): Emotion und Sprache: Theoretische Grundlagen für die logopädisch-sprachtherapeutische Praxis. In: SAL-Bulletin 143 (3), 5–22

Lüdtke, U. (2012b): Sprachdidaktiktheorie. In: Braun, O., Lüdtke, U. (Hrsg.): Behinderung, Bildung, Partizipation. Enzyklopädisches Handbuch der Behindertenpädagogik. Bd. 8. Sprache und Kommunikation. Kohlhammer, Stuttgart, 449–491

Lüdtke, U. (2010a): Relationale Didaktik in Sprach-Pädagogik und Sprach-Therapie: Historische Einbettung und aktuelle Forschung. Mitsprache 42 (1), 21–46.

Lüdtke, U. (2010b): Sprachdidaktiktheorie – Vom Sprachtherapeutischen Unterricht zur Relationalen Didaktik. Wie weiter in Zeiten der Inklusion? Zeitschrift für Heilpädagogik 61 (3), 84–96

Lüdtke, U. M. (2006): Emotion und Sprache: Neurowissenschaftliche und linguistische Relationen. In: Die Sprachheilarbeit 51 (4), 160–175

Lüdtke, U., Stitzinger, U. (2017): „Wie bringen wir Sahar nur zum Sprechen? – „Bewältigungsorientierte Sprachlernunterstützung" von Kindern mit Fluchterfahrung unter besonderer Berücksichtigung der Potenziale mehrsprachiger und interkultureller Kita-Teams". In: Lamm, B. (Hrsg.): Handbuch Interkulturelle Kompetenz: Kultursensitive Arbeit in der Kita. Herder, Freiburg, 89–109

Lüdtke, U., Stitzinger, U. (2016a): Förderschwerpunkt Sprache. In: Ministerium für Schule und Weiterbildung des Landes Nordrhein-Westfalen (Hrsg.), Sonderpädagogische Förderschwerpunkte in NRW. Ein Blick aus der Wissenschaft in die Praxis. Düsseldorf, 20–27

Lüdtke, U., Stitzinger, U. (2016b): Meine Sprache, deine Sprache, unsere Sprache. Schulische Förderung im ‚Unterstützungsprofil Sprache und Kommunikation' bei spezifischer Sprachentwicklungsstörung im inklusiven Kontext sprachlich-kultureller Diversität. In: Schiefele, C., Menz, M. (Hrsg.): Handlungsorientierte Perspektiven des Förderschwerpunkts Sprache. Abteilungen für die Praxis vom Kind aus gedacht. Schneider Hohengehren, Baltmannsweiler, 57–77

Lüdtke, U., Stitzinger, U. (2015): Pädagogik bei Beeinträchtigungen der Sprache. Ernst Reinhardt, München / Basel

Maier, H. (2006): Mathematikunterricht und Sprache. Kann Sprache mathematisches Lernen fördern? Grundschule 38 (4), 15–17

Mathis, A., Kauschke, C. (2008): Zur Wirksamkeit der patholinguistischen Intervention bei Störungen im Pluralerwerb. L.O.G.O.S Interdisziplinär 16 (4), 280–289

May, P. (2002): HSP 1-9. Diagnose orthographischer Kompetenz. Handbuch. 6. Aufl. Verl. f. Pädagogische Medien, Hamburg

Meyer, A. (2002): Sprachvergleich Russisch – Deutsch: ein Aspekt aus dem Problemfeld Zweisprachigkeit. In: Balhorn, H., Giese, H., Osburg, C. (Hrsg.): Betrachtungen über Sprachbetrachtungen. Kallmeyersche Verlagsbuchhandlung, Seelze, 172–184

Neumann, S. (2010): Frühförderung bei Kindern mit Lippen-Kiefer-Gaumen-Segel-Fehlbildung. 3. Aufl. Schulz-Kirchner, Idstein

Nickisch, A., Heber, D., Burger-Gartner, J. (2016): Auditive Verarbeitungs- und Wahrnehmungsstörungen (AVWS) bei Schulkindern. Diagnostik und Therapie. 5. Aufl. Modernes Lernen, Dortmund

Ortner, D. (2006): Sprache und Mathematik. Manuskript zur Weiterbildung und Zusatzausbildung der PHZ Luzern. Interessantes und Spannendes aus der Welt der Mathematik. Pädagogische Hochschule Zentralschweiz. In: http://www.dieterortner.ch/luzern/sprache-mathe.pdf, 28.03.2017

Osburg, C. (2000): Gesprochene und geschriebene Sprache. Aussprachestörungen und Schriftspracherwerb. 2. Aufl. Schneider Verlag Hohengehren, Baltmannsweiler

Panagiotopoulou, A. (2016): Mehrsprachigkeit in der Kindheit. Perspektiven für die frühpädagogische Praxis. WiFF-Expertise. Bd. 46. Deutsches Jugendinstitut, München

Reber, K. (2016): Auf dem Weg zur vierten Kulturtechnik: Mediendidaktik im Förderschwerpunkt Sprache. Praxis Sprache, 61 (1), 33–40

Reber, K. (2017): Prävention von Lese- und Rechtschreibstörungen im Unterricht. Systematischer Schriftspracherwerb von Anfang an. 2. Aufl. Ernst Reinhardt, München / Basel

Reber, K., Schönauer-Schneider, W. (2014): Bausteine sprachheilpädagogischen Unterrichts. 3. Aufl. Ernst Reinhardt, München / Basel

Romonath, R. (2012): Klassifikation. In: Braun, O., Lüdtke, U. (Hrsg.): Behinderung, Bildung, Partizipation. Enzyklopädisches Handbuch der Behindertenpädagogik. Bd. 8. Sprache und Kommunikation. Kohlhammer, Stuttgart, 321–330

Rupp, S. (2013): Semantisch-lexikalische Störungen bei Kindern. Sprachentwicklung: Blickrichtung Wortschatz. Springer, Berlin

Ruppert, I., Schönauer-Schneider, W. (2008): Unterscheidet sich sprachheilpädagogischer Unterricht vom Unterricht der Allgemeinen Schule? Eine Pilotstudie zur Unterrichtssprache einer Sprachheillehrerin und einer Grundschullehrerin. Die Sprachheilarbeit 53 (6), 324–333

Schäfer, E. (2002): Nonverbale Kommunikation. Hochschule Magdeburg-Stendal, Magdeburg

Schnitzler, C. D. (2015): Schriftsprache und phonologische Verarbeitung bei Grundschulkindern mit im Vorschulalter überwundenen phonologischen Aussprachestörungen. Sprache – Stimme – Gehör 39 (2), 24–30

Schölderle, T., Staiger, A. (2014): Dysarthrie. In: Grohnfeldt, M. (Hrsg.): Grundwissen der Sprachheilpädagogik und Sprachtherapie. Kohlhammer, Stuttgart, 280–286

Schülke, C., Söbbeke, E. (2010): Die Entwicklung mathematischer Begriffe im Unterricht. In: Böttinger, C., Bräuning, K., Nührenbörger, M., Schwarzkopf, R., Söbbeke, E. (Hrsg.): Mathematik im Denken der Kinder. Anregungen zur mathematischen Reflexion. Friedrich, Seelze, 18–29

Sick, U. (2014): Poltern. Theoretische Grundlagen, Diagnostik, Therapie. 2. Aufl. Thieme, Stuttgart

Spreen-Rauscher, M. (2007): Pragmatik. In: Schöler, H., Welling, A. (Hrsg.): Sonderpädagogik der Sprache. Bd. 1. Handbuch Sonderpädagogik. Hogrefe, Göttingen, 588–601

Starke, A., Mühlhaus, J., Ritterfeldt, U. (2016): Neue Medien in Therapie und Unterricht für Kinder mit dem Förderschwerpunkt Sprache. Praxis Sprache 61 (1), 28–32

Stitzinger, U. (2013a): Prävention und Inklusion durch netzwerkbezogene, fachberatende Mobile Dienste im schulischen Unterstützungsprofil Sprache und Kommunikation. In: Zeitschrift für Heilpädagogik 64 (8), 304–310

Stitzinger, U. (2013b): Unterrichtsspezifische Sprachdidaktik im Förder- und Unterstützungsprofil Sprache und Kommunikation. Praxis Sprache 58 (3), 145–151

Stitzinger, U. (2010): Phonematische Handzeichen für die Sprachförderung und den Lese-Schreib-Lernprozess. Schule Im Großen Freien, Sehnde

Stitzinger, U. (2009): Bedingung Mehrsprachigkeit – Hindernis oder Ressource? Forum Sprache 3 (2), 53–60

Stitzinger, U., Bechstein, A. (2013): Mit Sprache kann gerechnet werden. Unterrichtsspezifische Sprachdidaktik am Beispiel mathematischer Zusammenhänge. Praxis Sprache 58 (4), 218–226

Stitzinger, U., Lüdtke, U. (2014): Mehrsprachigkeit als Potenzial in Kita-Teams. nifbe-Beiträge zur Professionalisierung Nr. 2. Niedersächsisches Institut für frühkindliche Bildung und Entwicklung, Osnabrück

Stitzinger, U., Sallat, S. (2016): Sprache und Inklusion als Chance?! – Herausforderungen für den Förderschwerpunkt Sprache. In: Stitzinger, U., Sallat, S., Lüdtke, U. (Hrsg.) (2016): Sprachheilpädagogik aktuell. Beiträge für Schule, Kindergarten, therapeutische Praxis. Bd. 2. Sprache und Inklusion als Chance?! Expertise und Innovation für Kita, Schule und Praxis. Schulz-Kirchner, Idstein, 17-36

Stitzinger, U., Diehl, K., Gäbel, A., Kopp, U. (2016): Sprachlich-kommunikative Unterstützung im inklusiven Unterricht – (Wie) kann das gelingen? In: Stitzinger, U., Sallat, S., Lüdtke, U. (Hrsg.) (2016): Sprachheilpädagogik aktuell. Beiträge für Schule, Kindergarten, therapeutische Praxis. Bd. 2. Sprache und Inklusion als Chance?! Expertise und Innovation für Kita, Schule und Praxis. Schulz-Kirchner, Idstein, 69–81

Subellok, K., Katz-Bernstein, N. (2012): Psychoreaktive Redestörungen. In: Braun, O., Lüdtke, U. (Hrsg.): Behinderung, Bildung, Partizipation. Enzyklopädisches Handbuch der Behindertenpädagogik. Bd. 8. Sprache und Kommunikation. Kohlhammer, Stuttgart, 338–346

Topsch, W. (2005): Grundkompetenz Schriftspracherwerb. 2. Aufl. Beltz, Weinheim

United Nations (UN) (Hrsg.) (2006): Convention on the Rights of Persons with Disabilities. New York. In: https://www.un.org/development/desa/disabilities/convention-on-the-rights-of-persons-with-disabilities/convention-on-the-rights-of-persons-with-disabilities-2.html, 28.03.2017

Watzlawick, P., Beavin, J., Jackson, D. (2011) [i.O. 1969]: Menschliche Kommunikation. Formen, Störungen, Paradoxien. 12. Aufl. Huber, Bern

Weinrich, M., Zehner, H. (2011): Phonetische und phonologische Störungen bei Kindern. 3. Aufl. Springer, Heidelberg

Westdörp, A. (2010): Möglichkeiten des gezielten Einsatzes der Lehrersprache in kontextoptimierten Lernsituationen zum sprachfördernden Unterricht. Sprachheilarbeit 55 (1), 2–8

Sachregister

Leseprobe

Leseprobe aus

Karin Reber / Wilma Schönauer-Schneider: Sprachförderung im inklusiven Unterricht

5.1 Aussprache fördern

Kinder mit Schwierigkeiten im Bereich Aussprache (Sprachentwicklungsstörungen, Mehrsprachigkeit) haben Probleme, einzelne Laute (v.a. [s], „sch“: [ʃ], [r] sowie Plosive [p], [t], [k] bzw. [b], [d], [g]) und Lautverbindungen (z. B. Mehrfachkonsonanzen) korrekt wahrzunehmen und / oder zu produzieren (Kap. 1). Sie benötigen v. a. in folgenden Bereichen Hilfestellungen:

1. Phonologische Bewusstheit: Wahrnehmen und Produzieren von Lauten und Lautverbindungen
2. Schriftspracherwerb: Erwerb der Laute, Buchstaben sowie der Buchstaben-Laut-Zuordnungen (Phonem-Graphem-Korrespondenzen), optimierte Buchstabeneinführungen

Bevor diese Bereiche genauer beschrieben werden, sollen im folgenden Abschnitt noch übergreifende Prinzipien zur Förderung der Aussprache im Unterricht dargestellt werden.

Prinzipien zur Unterrichtsgestaltung

Folgende Maßnahmen optimieren die Rahmenbedingungen für den Bereich Aussprache:

- Auditive Wahrnehmung unterstützen: Hörbedingungen optimieren (Gesprächsregeln, Zuhörrituale), andere Handlungen unterbrechen, Fremdhören als Alternative zum Eigenhören anbieten, Blickkontakt beim Sprechen halten
- Lehrersprache optimieren (Kap. 4.4)
- Lernbarrieren beim verwendeten Wortmaterial erkennen und evtl. vermeiden: einfache Silbenstrukturen (z. B. Mehrfachkonsonanz in „Strumpf" vermeiden), Wörter mit wenigen Silben zu Beginn, Laut zuerst am Wortanfang, erst später am Wortende schreiben (z. B. „sch": <Schi> ist leichter als <Tisch> als <Schrank> (Mehrfachkonsonanz))
- Den Laut hochfrequent und betont im Unterricht verwenden: Wörter mit dem Laut in allen Unterrichtsstunden nutzen (Kap. 4.4 Präsentieren), Unsinnsätze mit Wörtern zum Laut verwenden, den Laut in Spiele einbauen (z. B. „Ich sehe was, was du nicht siehst …", Kap. 6), Wortmaterial gezielt auswählen (z. B. für „s": „Sofa" statt „Couch"), Bilderbücher oder Geschichten mit „s" auswählen, Kap. 6)
- Visualisierungen verwenden: Schrift. Dazu z. B. die betroffenen Laute in einem Text gemeinsam mit den Schülern suchen und markieren.
- Visualisierungen verwenden: Handzeichen, wobei es verschiedene Systeme gibt (Schäfer / Leis 2008, Abb. 14)

Ideen zum Einsatz von Handzeichen:

- Buchstabeneinführung: Hier wird das Handzeichen immer mit eingeführt, vor allem bei schwierigen Lauten (z. B. „k": ein hinten am Gaumen gebildeter, stimmloser Explosiv-Laut) und erläutert („weit hinten", „die Lippen verraten nichts / bleiben gleich", „die Hand geht schnell nach vorne", am Kehlkopf fühlen / stimmlos: „es kitzelt nicht"). Im Klas-

Leseprobe

senzimmer können Handzeichenfotos der Kinder aus der Klasse oder Zeichnungen z.B. beim Buchstabenzug aufgehängt werden (Abb. 14).

- Wörter auf Laute abhören: Beim Schreiben darf (nicht: muss) mitgebärdet werden: z.B. bei <Klo> nur beim <k> oder bei allen Buchstaben. Bei schwachen Schülern gebärdet evtl. die Lehrkraft und visualisiert so den Lautfluss, v.a. bei Lauten, die das Kind vergessen hat zu schreiben (wenn das Kind z.B. <Lo> statt <Klo> geschrieben hat, würde man v.a. das Handzeichen zum „k" einsetzen).
- Geheimsprache: Die Lehrkraft bzw. ein Schüler gebärdet ein Wort vor, die anderen versuchen es mitzulesen und herauszufinden (im offenen Unterricht als Partnerarbeit). Auf diese Weise kann man lautlos kommunizieren!

(...)

Leseprobe (S. 47–48) aus:

Karin Reber / Wilma Schönauer-Schneider
Sprachförderung im inklusiven Unterricht
Praxistipps für Lehrkräfte
(Inklusiver Unterricht kompakt)
Mit Kopiervorlagen als
Online-Zusatzmaterial.
2017. 79 Seiten. 34 Abb. 15 Tab.
Innenteil zweifarbig. DIN A4.
(978-3-497-02714-9) kt